(N° 249)

COLLECTION JULES RENOUVIER (1re PARTIE)

Ventes des Mercredi 8,
Jeudi 9, Vendredi 10 et Samedi 11 Novembre 1911

HOTEL DROUOT — SALLE N° 7

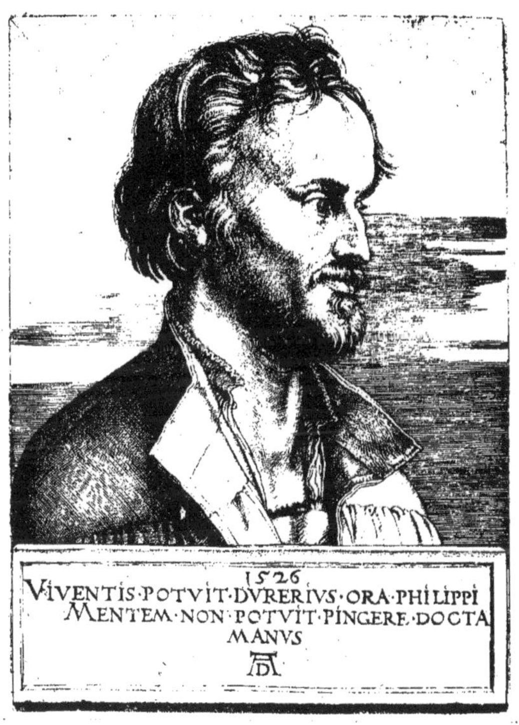

N° 81 du Catalogue.

ESTAMPES

ANCIENNES ET MODERNES

Dessins

Me ANDRÉ DESVOUGES. M. LOYS DELTEIL.

FRAZIER-SOYE
GRAVEUR-IMPRIMEUR
153-157, RUE MONTMARTRE
PARIS

CATALOGUE

DES

ESTAMPES

ANCIENNES & MODERNES

ET DES

DESSINS

composant la Collection JULES RENOUVIER

Dont la vente aura lieu

à Paris, HOTEL DROUOT, Salle N° 7

Les Mercredi 8, Jeudi 9,

Vendredi 10 et Samedi 11 Novembre 1911

à 2 heures précises

Par le Ministère de Mᵉ ANDRÉ DESVOUGES

COMMISSAIRE-PRISEUR

26, Rue de la Grange-Batelière

Assisté de M. LOYS DELTEIL, Graveur et Expert

2, Rue des Beaux-Arts

CONDITIONS DE LA VENTE

Elle sera faite au comptant.

Les adjudicataires paieront *dix pour cent* en sus des enchères.

M. Loys Delteil remplira les commissions que voudront bien lui confier les amateurs ne pouvant y assister.

MM. les amateurs pourront visiter la collection, 2, *rue des Beaux-Arts*, du Lundi 30 Octobre au Mardi 7 Novembre 1911, de 2 heures à 5 heures (le 1er Novembre et le Dimanche 5 exceptés).

ORDRE DES VACATIONS

Mercredi 8 Novembre	Nos 1 à 231.
Jeudi 9 Novembre	Nos 232 à 420.
Vendredi 10 Novembre	Nos 421 à 650.
Samedi 11 Novembre	Nos 651 à 886.

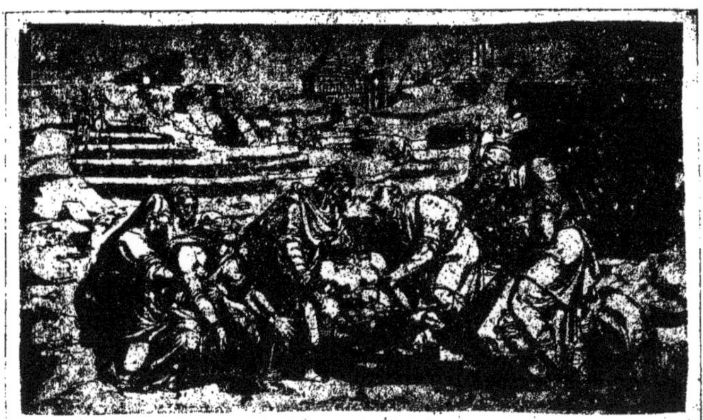

N° 51 du Catalogue.

DÉSIGNATION

ESTAMPES

XVe & XVIe SIÈCLES

ALDEGRAVER (Heinrich)

1. Aldegraver, à 28 ans (188). — L'Annonciation (38). Deux pièces. Belles épreuves.

ALTDORFER (Albrecht)

2. Salomon idolâtre (B. 4) — Jésus chassant les vendeurs du Temple (6) — Crucifix (7) — Jésus et la Vierge (9). Quatre pièces. Belles épreuves.

3. Le Jeune Sauveur (10) — La Vierge et Ste Anne (14) — La Vierge (17) — St Jérôme (22). Quatre pièces. Belles épreuves.

4. La Fable de la Marguerite poétique (43) — Didon (42) — Le Jugement de Pâris (36) — Hercule et une Muse (28). Quatre pièces. Belles épreuves.

5. L'Histoire de la chûte de l'homme et de sa rédemption (B. 10, 27, 37 et 40 des Bois) — Jahel et Sisara (43) — L'Annonciation (44) — La Résurrection (47) — Un grand Baptistère (59). Huit pièces. Belles épreuves.

ANONYME (xve siècle)

6. Les Cartes de tarots ou Jeu de cartes allégoriques : Caliope (B. 28) — Astrologia (46) — Grammatica (38) — Rhetorica (40) — Venus (60) — Tempèrencia (51). Six pièces, copies selon Bartsch, originaux selon Cicognara, Zani, Ottley et Renouvier. Ces pièces sont parfois attribuées à Mantegna ou à Baldini.

ARNOULLET (Jean)

7. Pourtraict de la ville de Bourges, 1566, en 2 feuilles. Belle épreuve.

ASPERTINO (Amico) — ASSEN (W. van)

8. Le Sacrifice de Caïn (B. 3) — La Cène — Le Christ en Croix. Trois pièces. Belles épreuves. Rares.

BALDINI (Baccio)

9. Vignette pour le chant II de l'édition du Dante, Florence, 1481 (B. 38). Très belle épreuve.

10. L'Enfer. Pièce anonyme, non décrite par Bartsch. Belle épreuve de tirage postérieur de la collection de Robert-Dumesnil — Scène de l'Apocalypse, par Z. Andreaʼ d'apr. Durer. Deux pièces.

BARBARY (Jacopo de)

11. Le dieu marin (B. 22). Belle épreuve (doublée).

BAROCHE (F.) FARINATI (P. et H.)

12. St François (B. 3) — St Jean l'Évangéliste, 1567 (B. 3) — Vénus et l'Amour (6) Sujets de Vierges (3-4). Cinq pièces. Belles épreuves.

BEHAM (B.)

13. Charles-Quint, 1531 (B. 60). Belle épreuve.

BEHAM (H. S.)

14. St Sebald, 1521 (65). Belle épreuve.

15. La Mort et les trois Sorcières (151) — La Femme se baignant les pieds (207) — Les Trois femmes au bain (208). Trois pièces. Très belles épreuves.

16. Génies tenant un écusson d'armes, 1535 (258-259). Deux pièces. Très belles épreuves.

BEHAM — LEYDE (L. de) — GRUN, etc.

17. Judith (B. 10) — Un Saint Ermite (66) — Les premiers Patriarches (74-83), 3 pl. (d'une suite de 10) — Allégorie, par Burgkmair? — Les Rois d'Israël, 1 pl. par Lucas de Leyde — Chevaux, par Grun. Huit pièces.

BECCAFUMI (Dom. Micarino, dit)

18. Deux figures académiques, 2 états — Quatre philosophes, bois — Sujet d'alchimie, bois. Quatre pièces rares.

BINCK (Jacob)

19. Bethsabée au bain (B. 6) — La Vierge couronnée par deux Anges, d'apr. A. Durer (18) — Montant d'Ornements. Trois pièces.

BOL (Hans)

20. Fête de Village (B. de Montper exc.) — Sujets divers, 6 petites pl., de forme ronde, soit sept pièces. Belles épreuves.

BOLDRINI (Nicolas)

21. Vénus et l'Amour, d'apr. Titien (B. 29). Belle épreuve (doublée). Rare.

BONASONE (Giulio) — BEATRIZET (N.)

22. Portrait présumé de Raphaël (347), 1er état — Henri II — La Nativité, d'apr. Parmesan — Sainte Famille, d'apr. Raphaël — Sacrifice d'Iphigénie. Cinq pièces. Belles épreuves.

BOS (Cornelis)

23. Adoration du Veau d'or, d'apr. Raphaël, 1551 — Passage de la Mer Rouge — La Forge de Vulcain, 1546 — La Vierge et l'Enfant Jésus — Cariatide — Noces d'Hippodamie, en 2 feuilles — Loth et ses Filles — La Mise au tombeau. Huit pièces, la plupart en belles épreuves.

BOS (J.)

24. *La Vecchia rimbambita muove riso alla fonciv-letta*, d'apr. Sophonisbe Angosciola. Très belle épreuve de la collection P. Vischer. Très rare.

BOSCH (d'apr. Jérôme)

25. St Martin (H. Cock exc.), épreuve manquant un peu de conservation.

BOYVIN (René)

26. L'Appareil d'un sacrifice, d'après Maître Roux (R. D. 15) — Mars, d'apr. L. Penni (22) — Les Parques — Hercule, d'apr. L. Penni (32) — Muses jouant du cistre et de la basse de viole (65-66). Six pièces. Belles épreuves.

27. L'Ignorance vaincue — Les Effets de la Piété filiale (16-17). Deux pièces d'apr. Maître Rous — Sacrifices antiques, 2 pl. — Luther (M.) (110) — Danses de Dryades (74 1er état). Ensemble 6 pièces.

28. Histoire de Jason et de la conquête de la Toison d'or (39-64). Suite de 26 pl. (incomplète des pl. 3, 6, 11, 12, 21, 22, 23), soit 19 pièces — Panneaux d'ornements (119-134), 8 pl. (sur 16), soit 27 pièces. Belles épreuves.

BREUGEL (d'après Peter)

29. *Nundinæ rusticorum* (R. de Bastelaer 13) — *Eventes in Emaus* (14). Deux pièces rares par H. Cock — La Résurrection du Christ (114) — Les Patineurs, Anvers (205, 1er état). Quatre pièces. Belles épreuves.

30. Tentation de St Antoine (119) — Les Vierges sages et folles (123) — Le Jugement dernier (121) — Tentation de St Antoine (119) — Proverbes (167, 171, 181, 182 et 184) — La Cuisine maigre (157) — La Cuisine grasse (162) — La Sorcière de Malleghem (194) — La Chute du Magicien (117-118) — La Luxure — La Chute du Magicien, copie *non décrite*. Seize pièces par J. Th. de Bry, Cock, Wierix. Belles épreuves (déchirures à 3 pl.).

BRESSE (J. Ant. de)

31. Panneau d'ornements, gravé en bois (B. 22). Belle épreuve.

BROSAMER (Hans)

32. Jésus en Croix (B. 5-6) — Lucrèce, 1537 (9) — Le Baiser (16) — Le Joueur de luth (17). Cinq pièces. Bonnes épreuves.

BRY (J. Th. de)

33. Bry (Th. de), par lui-même, 1597 — Danse de Cavaliers et de Dames. Deux pièces. Belles épreuves. 25 Maltey

34. Fonds de soucoupes. Quatre pièces. Belles épreuves.

BRY (Th. de) - GERARD - WILBORN - RUCHOLLE

34 *bis*. Les Planètes — Sujets de chasses — Allégories. 32 pl. Belles épreuves.

BUONAROTTI (d'après Michel-Ange)

35. Les Vices combattant la Vertu (A. Lafrery exc.) — Pieta — La Mort surprenant une Femme — Le Rêve de la Vie Humaine. Quatre pièces.

BURGKMAIR (Hans)

36. Adam et Ève chassés du Paradis (B. 4). Très belle épreuve.

37. L'Empereur Maximilien armé de toutes pièces (32). Belle épreuve (doublée).

38. St Luc peignant la Vierge (24). Belle épreuve (restaurée) — Planche du Triomphe de Maximilien, soit deux pièces.

CAMAIEUX

39. Adoration des Mages (par Andreani?), d'apr. Luvini (B. 4) — La Vierge, d'apr. Parmesan (4). Deux pièces. Très belles épreuves.

40. La Vierge entourée de Saints, par A. Ghandini (25) — La Résurrection, par U. da Carpi, d'apr. Raphaël (26). Deux pièces. Très belles épreuves.

41. La Vendange, par Luca Fiorentino, d'apr. Marc-Antoine — Le Héros chrétien, par Andreani, d'apr. Franco (14). Deux pièces. Belles épreuves.

42. L'Homme assis, vu de dos, par Ant. da Trente, d'apr. le Parmesan (13) — Mort d'Adonis, d'apr. L. Cambiasi — Sibylles. Quatre pièces. Belles épreuves.

43. La Sibyle Tiburtine et Auguste — L'Envie chassée du Temple des Muses — La Paix et l'Abondance — La Mise au Tombeau — Jésus guérissant les lépreux — Mort de Lucrèce. Six pièces par A. de Trente, B. Peruzzi, Coriolan, Vicentino (manquent un peu de conservation).

44. Sujets religieux et divers, 14 pl. par ou d'apr. Bloemaert, Businck, Andreani, Coriolan, Zanetti.

45. Sujets divers. Huit pièces par Businck, d'apr. Lallemand. Belles épreuves.

CAMPAGNOLA (Domenico)

46. La Bataille, 1517 (B. 10). Belle épreuve de la collection E. Durand.

CAMPAGNOLA (Julio)

47. Ste Geneviève (Pass. 10) — Le Jeune Berger (B. 6, copie par Aug. Vénitien). Deux pièces (légèrement rognées).

CASA (N. de la)

48. Bandinelli (Baccio) (R. D. 2). Belle épreuve (doublée).

COECK (Peter)

49. Tapisseries de Charles-Quint, 3 pl. (d'une suite de 10 feuilles). Bonnes épreuves.

CORNEILLE (Claude)

50. Le Massacre des Innocents (R. D. 1) — Jésus prêchant à ses Disciples (2) — Le Jugement universel (6). Trois pièces. Belles épreuves.

COUSIN (Jean)

51. Le Sauveur descendu de la Croix (R. D. 2). Belle épreuve, légèrement rognée. Très rare.

52. Bacchus et la Vendange, 1582 (A. F. Didot, p. 110), petite pl. de forme ronde, de la plus grande rareté.

53. Moïse montrant au peuple le serpent d'airain, par Et. Delaulne (61). Très belle épreuve. Très rare.

54. Conversion de St Paul, par Et. Delaulne (63). Très belle épreuve.

55. Le Serpent d'airain, par Du Cerceau. Très belle épreuve. Très rare.

56. La Forge de Vulcain, par L. Gaultier, 1581 — La Conversion de St Paul, par M. Kartarus, 1567. Deux pièces. Belles épreuves (doublées).

COUSIN (Jean)?

57. Mois de Mai. Belle épreuve (petites déchirures). Très rare. — Le Déluge, bois en 2 feuilles — Vertumne et Pomone. Trois pièces.

COXIE (d'après Michel) — COCK (H.)

58. Le Serpent d'airain? — Scène satirique. Deux pièces. Très belles épreuves.

CRANACH (Lucas)

59. La Tentation de St Antoine (56). Très belle épreuve.

60. L'Adoration du Crucifix représentée dans un écusson d'armes, 1505 (76). Epreuve doublée.

61. Vénus accompagnée de l'Amour, 1506 (113). Belle épreuve (doublée).

62. Le Jugement de Pâris (114). Très belle épreuve — Décollation de St Jean (épr. incomplète). Deux pièces.

63. Luther (Martin) (B. 147-148) — Melanchton (Ph.) (153). Trois pièces.

DELAULNE (Etienne)

64. Les Mois (185-196). Suite complète de 12 pièces. Très belles épreuves en cahier.

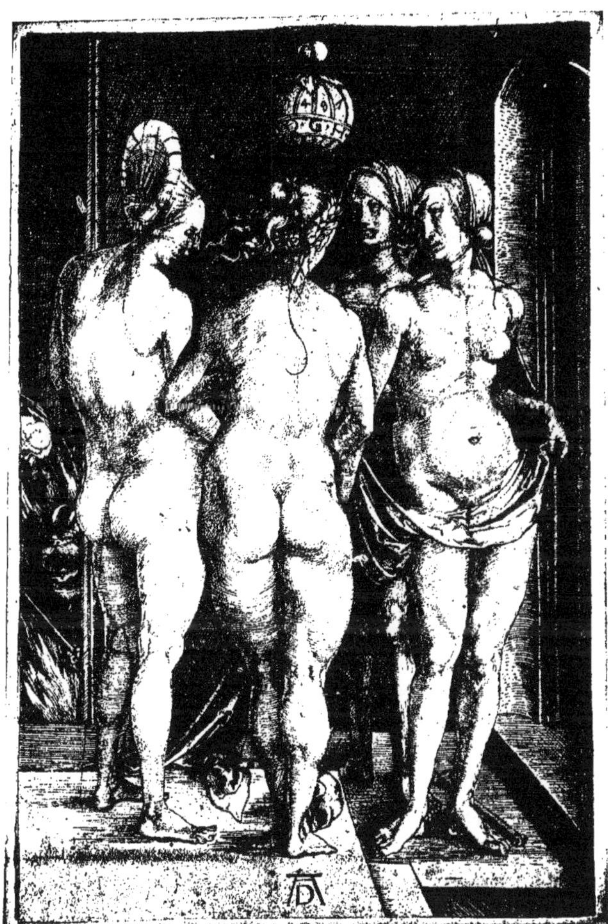

N° 78 du Catalogue.

65. Histoire de la Genèse, 35 pl. Belles épreuves.

66. Sujets religieux et Mythologiques, figures allégoriques, 37 pl. y compris 8 copies. Belles épreuves.

67. Grotesques à fond blanc et à fond noir, 19 pièces. Belles épreuves.

DU CERCEAU (J. Androuet)

68. Motifs d'architecture, 12 pièces -- Jeune Homme assis. Treize pièces. Belles épreuves.

DURER (Albrecht)

69. Durer (Alb.), par A. Stock, 1629 et G. M. Preisler -- La Face de Jésus-Christ (B. 26). Belles épreuves.

70. L'Enfant prodigue gardant les pourceaux (28). Epreuve manquant de conservation.

71. La Vierge donnant le sein à l'Enfant Jésus (36). Belle épreuve.

72. La Vierge couronnée par un Ange (37). Belle épreuve (petite tache).

73. La Vierge allaitant l'Enfant Jésus (34). Epreuve manquant de conservation.

74. La Vierge assise au pied d'une muraille (40). Très belle épreuve.

75. La Vierge au papillon (44). Très belle épreuve (petites restaurations).

76. St Hubert (57). Belle épreuve. Encadrée, cadre ancien.

77. Cinq Etudes de Figures (70). Superbe épreuve.

78. Le Groupe des quatre Femmes nues (75). Superbe épreuve.

79. L'Oisiveté ou le Songe (76). Très belle épreuve.

80. La petite Fortune (78) — Le Violent (92). Deux pièces. Bonnes épreuves.

81. Melanchton (Phil.), 1526 (105). Très belle épreuve.

82. La Vierge aux lapins (102). Très belle épreuve (doublée).

83. Ste Madeleine transportée au ciel (121) — La Sainte Trinité (122). Deux pièces. Belles épreuves.

84. Armoiries d'Hector Pomer (163). Très belle épreuve.

85. Frontispice de l'Apocalypse (60) — St Jean apercevant les 7 chandeliers (62) — La courtisane de Babylone (73) — St Martin (18 de l'app.) — Petite Passion, 4 pl. Huit pièces (3 *avec* le texte au verso).

86. La Ste Face, copie de J. Wierix — L'Homme de Douleurs, copie. Deux pièces. Très belles épreuves.

DUVAL (Marc)

87. Grotesques (6, 8, 9, 10), quatre pl. — La Femme adultère, copie par P. Haeckx, soit cinq pièces. Belles épreuves.

DUVET (Jean)

88. St Jean dans l'île de Pathmos (50). Belle épreuve.

89. Compositions relatives aux Amours de Henri II et de Diane de Poitiers (54 et 58) — Le Contre-poison (44). Trois pièces. Bonnes épreuves.

ECOLE ALLEMANDE (Anonymes de l')

90. La Vierge et l'Enfant Jésus, épreuve d'une plaque de laiton qui se voyait autrefois à la porte de l'Eglise de Notre-Dame, de Halberstadt (XIVe siècle?). Tirage postérieur.

91. La Vierge entre deux Saints Evêques, bois pour un Psaultier imprimé à Erfurt.

92. Un Pélerin (Cologne, vers 1474) — Jésus au Jardin des Oliviers — Le Couronnement de Maximilien Ier (1486), épr. recto et verso. Trois pièces rares.

93. Scènes satiriques, 6 pl. extraites de : *Das Narren Schyff*, Bâle, J. Bergman Van Olpe, 1494.

93 *bis*. Sujets religieux, dix-sept bois extraits de la *Chronique* de Nuremberg, de la *Bible*, d'Augsbourg, etc. (7 enlumines).

94. *S. Petrus Martir 1516*. Petite pièce. Très belle épreuve. Rare.

95. Almanach composé en la grande Université de Bâle, 152:, exempl. doublé (incomplet d'une petite partie du texte). Fort rare.

96. Frontispice pour : *Lectura aurea Abbatis*... 1511, tiré en 2 tons — Christ en croix, épr. enluminée — Jésus en barque avec les Apôtres — *Opera Divicae*... Bâle, 1521 — La Vierge entourée de saints (Chronique de Nuremberg) — La Prise de Jésus. Six pièces.

97. Sujets divers, 14 bois extraits d'ouvrages publiés à Cologne dans la 1re moitié du XVIe siècle.

98. Pl. extraites de : *Margarita philosophica*..., par Schott, Bâle, 1517, *Interprete Trapazontio*, 15.1, *Gregorii nyseni*, 1521, *Lexicon grœcum*, 1539, *Divi Clementis*, 1526 — J. de Schwartzenberg, par I. B. — J. Goblet, 15:0. Sept pièces.

99 La Sainte Trinité, par le maître au monogramme M — La Nativité (monogramme A. T.) — Meurtre de Jezabel, 1550 — Les Suites de la Vertu et de la Volupté, par Greuter, 1587. Quatre pièces.

100. Sujets divers, 47 planches (originaux et copies).

ECOLE FLAMANDE (fin du XVe siècle?)

101. L'Annonciation. Bois en manière de criblé. Epreuve enluminée.

101 *bis*. Piéta — Le Christ entouré des instruments de la Passion. Deux petites pièces. Belles épreuves.

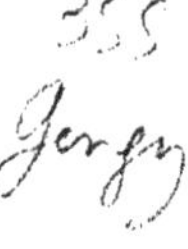

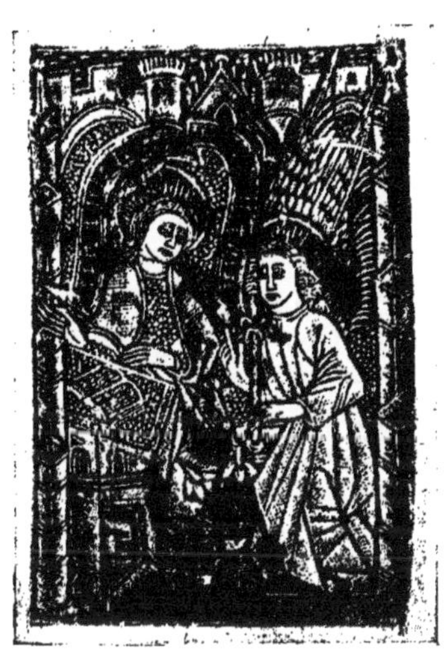

N° 101 du Catalogue.

ECOLE DE FONTAINEBLEAU

BARBIÈRE (Domenico del) — BONNEJONNE

102. Lapidation de St Étienne (B. 1) — Sujets divers — Amphiaraüs, d'apr. Maître Roux (4) — La Gloire? pl. non décrite. Huit pièces. Belles épreuves.

DAVEN (Léo)

103. Ste Madeleine portée au Ciel (B. 4) — L'Olympe (33). Deux pièces. Très belles épreuves.

104. Jupiter et Diane (40) — La Déesse et le paysan (36). — Jupiter et Antiope. — Allégorie, d'apr. le Primatice (45). Quatre pièces. Belles épreuves, la 3me *non décrite*, par Bartsch.

105. Psyché (46) — Apollon et Marsyas (55 des anonymes). — Hercule amoureux d'Omphale se laisse habiller en femme (55), d'apr. le Primatice, pl. originale et copie, soit quatre pièces.

106. Vulcain et les Cyclopes, d'apr. L. Penni (56). Superbe épreuve.

107. Rébecca (61), original et copie. — La Pêche, d'apr. le Primatice, 1547 (65). Quatre pièces, une d'un 2e état, *non décrit.*

108. Les Amours de Pluton et de Proserpine, suite de 12 pl. (incomplète de la pl. 1), soit onze pièces. Belles épreuves, doublées.

FANTUZZI (A.)

109. Circé, d'apr. le Parmesan (B. 6). — Alexandre et Roxane (22). — L'Ignorance vaincue (43 des anonymes). Trois pièces. Belles épreuves.

110. Des hommes et des femmes cultivant un Jardin, d'apr. le Primatice (B. 43 des anonymes). — Les Fiançailles d'un jeune Grec (84 des an.). Deux pièces. Belles épreuves.

FRANCO (B.) — GABRIEL le Jeune
FATOURE (P.)

110 *bis*. La Pêche miraculeuse, d'apr. Raphaël (B. 14). — St Marc — Le Calvaire — Disciples d'Emmaüs — St Marc — Le Déluge. Huit pièces. Belles épreuves.

JUSTE BETTI, dit JUSTE DE JUSTE

111. Figures d'hommes nus formant des groupes dans des positions bizarres (F. Herbet 1-5). Cinq pièces. Très belles épreuves. Rares.

LE MAITRE I V

112. Apelles peignant Alexandre et Campaspe (F. II. 5). — Moïse tire l'eau du rocher. (9). Deux pièces. Belles épreuves (une doublée).

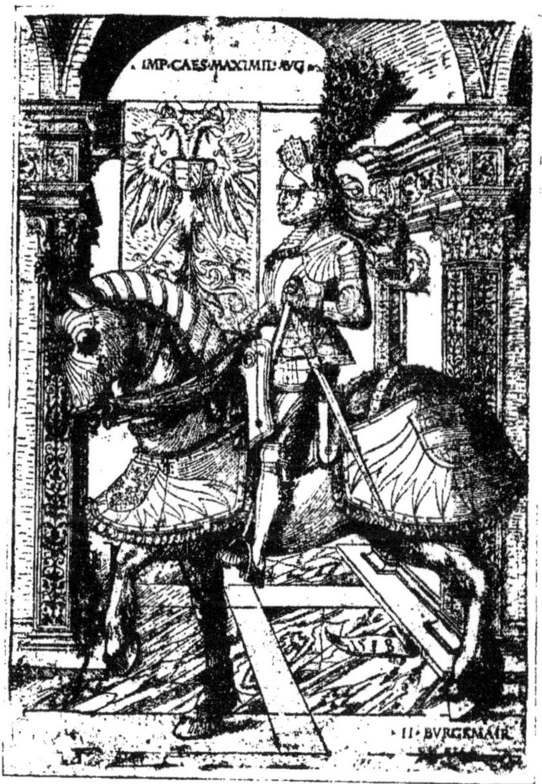

N° 37 du Catalogue.

113. Vénus (13) — Un jeune homme à cheval (23). Très belles épreuves. On y a joint la copie en contre-partie, soit trois pièces.

MIGNON (Jean)

114. L'Adoration des Mages (F. Herbet 4) — Mort de Cléopâtre (11). Deux pièces. Très belles épreuves (une doublée).

115. Pâris enlevant Hélène, d'apr. un émail de P. Raymond (12). — Les Grecs se rendant maîtres du Palais de Priam (13) — Le Cheval de Troie (14). Trois pièces (la 2me manque de conservation).

116. Marcus Curtius se précipitant dans un gouffre (F. H. 16) — Vénus pleurant Adonis (19) — Vénus au bain (20) — Femmes au bain, copie. Quatre très belles épreuves.

117. Le Jugement de Pâris, d'apr. un émail de P. Raymond (F. H. 21). — Deux femmes autour d'un cartouche (25 - 1er état). — Le Jugement dernier (27 - 1er état). Trois pièces. Très belles épreuves.

PRÉVOST (Jacques)

118. Vénus (F. H. 1) — La Charité romaine (3). Deux pièces rares.

ANONYMES

119. Le Sacrifice d'Abraham, par Léo Daven? (B. 4 des anonymes). — La Naissance de la Vierge (F. H. 6) — L'Empereur Marc-Antoine offrant un sacrifice (14) — Marche de Silène, d'apr. Rous (17) — Nombre d'amours dans un bois (57). Cinq pièces. Belles épreuves.

120. Les trois Parques, d'apr. maître Roux (R. D. 31 de l'œuvre de Boyvin). Deux pl. diff., une anonyme, l'autre marquée du monogramme N. V. I. S. — Une bataille (F. H. 70) — Triomphe d'une Femme (75) — Pénélope, d'apr. le Primatice. Cinq pièces. Belles épreuves.

121. Jupiter et Antiope, d'apr. le Primatice — Mars et Vénus, d'apr. Maître Roux — L'Homme crucifié — Le Christ descendu de la Croix — Jupiter, etc. Sept pièces. Belles épreuves.

122. Fonds de coupes. Deux pièces rares. Belles épreuves.

123. Sujets divers, 21 pièces par Fantuzzi, Daven, etc., la plupart manquant de conservation.

ECOLE FRANÇAISE

ANONYMES

124. Un Sceau, petite pièce portant la date de 1407. Très belle épreuve des collections de Murr, Révil et Robert-Dumesnil.

124 *bis*. Almanach de 1439, en 2 feuilles. Réimpression de bloc original (note de J. Renouvier).

125. Dieu dans sa Gloire, pour le *Livre des Saints Anges*, Lyon, G. Le Roy, 1485. Belle épreuve.

126. Corfou, estampe sur cuivre extraite des *Saintes pérégrinations de Jérusalem*, Lyon, 1488. Belle épreuve. Très rare.

127. Dieu le Père sur son Trône — Le Christ en croix. Deux gravures en bois sur parchemin pour un *Missel* de Jehan Dupré, 1489. Epreuves de la collection de Robert Dumesnil.

128. La Visitation — Le Christ en Croix — Martyre de St Jean, 3 pl. extraites de *Senecæ Epistolæ*, Paris, C. Jaumar, 1494 — Planche extraite de *Vincent miroir historial*, Paris, Verard, 1495 — La Prise de Jésus-Christ (Heures de S. Vostre), double page sur parchemin — Page de *Livre d'Heures* — Patriarches. Sept pièces. Belles épreuves.

129. Marques de Libraires : Demarnet, 2 variantes — — Renbolt — J. Frellon — G. Eustache — Gilles de Gourmont — J. Petit — A. Girault — Chevallon — F. Regnault. Seize pièces. Belles épreuves.

130. Marques de Libraires : Galliot Du Pré — P. Gadoul — J. Guyart — M. Boillon — H. de la Porte — J. Bouchet — E. Maillet — C. Chevallon — Vascosan — R. Estienne — J. Petit — F. Regnault. Seize pièces. Belles épreuves.

131. Frontispices et sujets divers pour des ouvrages à gravures sur bois. Quinze pièces. Belles épreuves.

132. Bataille — Chronique de France — Marque du libraire A. Denidel, etc. Quatorze pièces, deux enluminées (fin du XVe et début du XVIe siècles).

133. Dieu le Père dans une Gloire — Le Christ en Croix. Deux gravures en bois pour un *Missel*, 1538 — Ecce Homo et Christ en croix, recto et verso (*Heures*, de Hardouin). Trois pièces. Belles épreuves (l'une marquée de la Croix de Lorraine).

134. Chasse au lion, planche en 4 feuilles. Deux exemplaires. l'un gravé sur bois, l'autre sur cuivre.

135. Sujets de la Bible. Sept pièces in-fol. Bonnes épreuves.

136. L'Adoration des Bergers — L'Adoration des Mages. Deux pièces de la collection Robert Dumesnil, exécutés par un émailleur de Limoges? Très belles épreuves. Très rares.

137. Scènes religieuses, lettres et bordures, 50 petites pièces extraites de *Livres d'Heures* et manuscrits.

138. Sujets divers, 50 pièces par le Petit Bernard, G. Tory, etc.

139. Sujets divers. Bois. Cinquante-quatre pièces.

140. Sujets divers, lettres ornées, marques de libraires, environ 120 pl. extraites d'ouvrages publiés à Paris, Lyon, etc.

ECOLE ITALIENNE

ANONYMES

141\. St Antoine, pl. extraite de *Commentarius Cœsaris*, Venise, 1493 — Deux compositions religieuses, Venise, 1483 — Scènes relatives à la Médecine — 2 pl. extr. de *Opus de claribus*... Ferrare, 1497. Huit pièces. Belles épreuves (sauf une).

142\. La Vierge et l'Enfant Jésus, composition entourée de onze petites scènes — Frise avec des Tritons (B. 7). Deux pièces. Belles épreuves, la 1re de tirage postérieur, des collections R. Dumesnil et B. Delessert.

142 *bis*. La Sottise sur le trône, par Baldini, d'apr. Botticelli? Très rare. Epreuve manquant un peu de conservation.

143\. La Circoncision — Samson, d'apr. Titien — 2 pl. extraites de *Opus Pandectarum*, 1526 — Motif d'ornement avec figures. Cinq pièces.

144\. Diane (B. 54), par G. B. Fontana — Mariage de la Vierge, par Sanuti — Repos en Egypte, par C. Cort, d'apr. Baroche — Bacchanale — L'Enfant monstrueux, par Sannuti — Ste Véronique, par Fachetti? — Le Satyre et la Bacchante (coll. Debois) — St Antoine — Laocoon — Mort d'Abel — Mariage de la Vierge. Onze pièces.

145\. Sujets divers, marques de libraires, lettres ornées, 29 pl. extraites d'ouvrages publiés à Venise.

FLORIS (Franç.)

146\. La Victoire, 1552. Très belle épreuve. Rare — Le Meurtre d'Abel — Les Péchés capitaux, par Huberti — La Géométrie. Ensemble dix pièces.

GARNIER (Noël)

147. La Mise au tombeau, épr. de la collection Delessert, *enluminée*. Très rare.

GHERARDO?

148. Virginius tuant sa fille. Pièce anonyme, attribuée par Ottley, à Ghérardo. Belle épreuve. Très rare.

GHISI (Georgio et J.-B.)

149. L'Homme de douleurs (15) — Silène endormi (55) — David et Goliath (6). Trois pièces. Belles épreuves.

GLOCKENTON (Alb.)

150. La Cène (B. 3). Belle épreuve.

151. La Descente aux limbes (B. 12). Belle épreuve (2 petites déchirures).

152. La Mise au tombeau (10), (manque de conservation).

GRAF (Ursus)

153. Scènes de la Passion de Jésus-Christ, 1517, 2 pl. — Résurrection de Lazare — Frontispice pour l'*Eneïde* et les *Bucoliques*, etc. Sept pièces. Belles épreuves.

GRUN (Hans Baldung)

154. Adam et Eve, 1519 (2). Belle épreuve.

155. Descente de Croix (B. 5) — Jésus-Christ (6) — St Sébastien (37). Trois pièces. Belles épreuves.

156. St Jérôme, 1511 (34). Belle épreuve.

157. Jésus portant les plaies de sa crucifixion, 1517 (42). Belle épreuve (doublée).

158. Les Parques (44), épreuve doublée — Bacchus ivre (45). Deux pièces. Belles épreuves.

HEEMSKERCK (Martin)

159. Noé et ses fils — Laban cherchant ses idoles — La Descente de croix — Retour de Rébecca — Ecce Homo, etc. Douze pièces par et d'après Heemskerck, la plupart en belles épreuves.

HIRSCHVOGEL (Augustin)

160. Scènes de l'Ancien et du Nouveau Testament, 4 pl. (B. 1) — Massacre des Innocents, 3e feuille (2) — Un prince assis (11) — Homme armé de toutes pièces (14). Sept pièces.

HOPFER (les)

161. Judith et Ste Catherine (B. 20) — La Puissance de l'Amour (35) — Le Soleil (23) — Bataille (44) — Danse de faunes et bacchantes (29). Cinq pièces. Belles épreuves.

162. Intérieur d'église (27) — La Vierge (36) — La Vierge, Jésus et Ste Elisabeth (39) — Vénus et l'Amour (46) — Montant d'ornements au chiffre du Christ (116) — Dessin d'orfèvrerie. Six pièces. Belles épreuves.

JACQUES DE STRASBOURG

163. Istoria Romana (Pass. 3). Belle épreuve (doublée). Très rare.

KRUG (Lucas)

164. Les deux Femmes nues (B. 11). Bonne épreuve.

LAUTENSACK (Hans Sebald)

165. Ferdinand, roi des Romains, 1556 (15). Belle épreuve (petite tache).

166. Paysage (en hauteur), 1553 (B. 26). Belle épreuve (petite déchirure dans l'angle supérieur gauche).

167. Paysage, 1554 (B. 38). Très belle épreuve. Rare.

168. Paysages ornés de sujets de la Bible (45, 47 et 49). Trois pièces. Belles épreuves.

LEU (Thomas de)

169. Conti (Jeanne de Coesme, P^sse de) (350 — 1er état) — Louis XIII à cheval, pièce *non décrite*. Deux pièces. Très belles épreuves.

170. Ranchin (Fr.), médecin (480). Très belle épreuve.

171. Thévet (André) (495) — La Conversion de Henri IV — Henri III — Caron (Ant.) — Le Rosaire. Cinq pièces.

LEYDE (Lucas de)

172. Samson et Dalila (B. 25) — L'Annonciation (35). Deux pièces. Belles épreuves.

173. Adoration des Mages (B. 37). Epreuve doublée et tachée.

174. Leyde (Lucas de), par Hondius — Le Péché d'Adam et Eve (B. 7) — La Visitation (36) — Le Christ (86) — L'Espérance (127) — Sts Pierre et Paul tenant le Suaire (105) — La Laitière (158). Sept pièces. Bonnes épreuves.

LORCH (Melchior)

175. La Taupe, 1548 (B. 5). Belle épreuve sans la légende.

MAIR, DE LANDSHUT

176. La Maison gothique (B. 1 des pièces douteuses). Epreuve doublée.

MAITRE AU BOISSEAU (le)

177. Judith et Holopherne — Esther et Asshuérus. Deux pièces rares. Belles épreuves.

MAITRE AU DÉ (le)

178. Le Portement de Croix (B. 2) — St Pierre déclaré chef de l'Eglise, d'après Raphaël (11) — Ste Madeleine (13). Trois pièces. Belles épreuves (cassure à une pl.)

MAITRE I. B.

179. Les divinités qui président aux sept planètes (B. 11 — 17). Cinq pièces (sur 7). Belles épreuves.

MAITRE I. B. M.

180. Victoire de Charles-Quint à Mühlberg. Très belle épreuve.

MAITRE AU NOM DE JÉSUS-CHRIST (le)

181. L'Annonciation (B. 1) — Pan, Pomone et l'Amour, d'apr. Bonasone 1561 (4). Deux pièces. Belles épreuves.

MAITRE J. G. (Jean-Genet?)

182. La Vierge assise sur un trône (R. D. 6) — Ste Barbe (10) — St Eloi (13) — L'Amour (14) — L'Enfant dans la Galerie (17) — Laocoon (20). Six pièces, la plupart en belles épreuves.

MANTÉGNA (Andrea)

183. La Sépulture (B. 2). Très belle épreuve de la partie inférieure de l'estampe. Collection Vischer.

184. Les Eléphants portant des torches (12) — Bacchanale au Silène (20). Deux pièces (manquent de conservation) — Jésus descendant aux limbes, copie de M. Kartarus. Trois pièces.

LUCHESI (M.) — MARINUS, de FORLI

185. Ste Famille, d'apr. Raphaël, 1572 — Martyre de St Pierre, d'apr. Michel-Ange — L'Annonciation, 1590. Trois pièces. Très belles épreuves.

MATSIS (C.) — Maes (P.) — BOSSIUS (B.)

186. Sujets divers. Neuf pièces. Belles épreuves.

MECKEN (Israel van)

187. La Naissance de la Vierge (B. 31). Epreuve doublée manquant de conservation.

188. La Vierge assise dans une cour (46) épreuve de la coll. de P. Vischer, manquant de conservation On y a joint les deux Amants, copie signée) Deux pièces.

MÉDICIS (Marie de)

189. Buste de Jeune Femme, 1587 (R. D. 1). Superbe épreuve. Très rare.

MEIER (Melchior)

190. Résurrection du Christ — St Guillaume — Apollon et Marsyas. Trois pièces. Bonnes épreuves.

MELDOLLA (A.) — PARMESAN (le)

191. Judith (B. 1) — Jésus guérissant les Lépreux (16) — Rébecca, pl. *non décrite* — Bellone (76) — Les deux Amants (26) — Jésus et les Femmes sur l'escalier (14). Six pièces, la plupart en belles épreuves.

MODENA (Nic. da)

192. Dieu Marin, pl. *non décrite* par Bartsch. Bonne épreuve.

MONTAGNA (Benedetto)

193. Enlèvement d'Europe (B. 23). Belle épreuve (restaurée).

NIELLE

194. Abraham partant pour le mont Moriah, par Peregrini da Cesana (Dutuit 669). Belle épreuve (2 petites déchirures).

PASSARI (B.) — MORO (del)

195. St Dominique, 1581 — Jupiter et une Nymphe (B. 4).

PENCZ (G.)

196. Jésus entouré des petits enfants (56) — Diane et Actéon — Triton enlevant Amymone (93). Trois pièces. Belles épreuves.

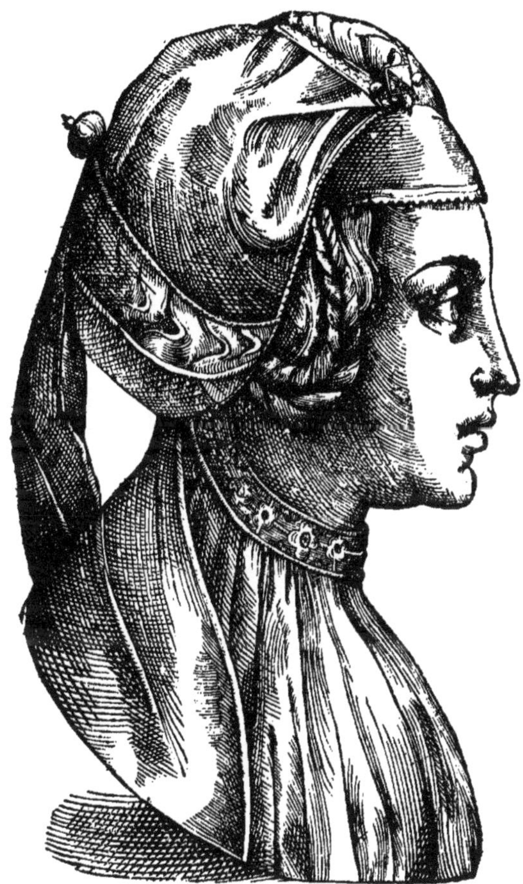

MARIA MEDICI. F.
MDLXXXVII·

N° 189 du Catalogue.

PERRET (Pierre)

197. Pantalon et Zany, 3 pl. — Voiez ce viel penard — La farce des Grecx... Cinq pièces. Belles épreuves.

PERRISSIN ET TORTOREL

198. Le Massacre de Vassy — Le Massacre de Nîmes — Le Colloque de Poissy — L'Assemblée des trois Etats, tenue à Orléans — La Surprise de Nimes. Cinq pièces. Belles épreuves.

PETITS MAITRES ALLEMANDS ET FLAMANDS

199. Vignette, 1531 (B. 4 du maître C. B.) — Loth et ses filles, par A. Claas — Le Christ à la colonne (L. P. H.) — Le Jugement de Pâris, 1534 (I. S.) — Viaus — Cérès — Jupiter, par Ladenspelder. Sept pièces. Belles épreuves.

RAIMONDI (Marc-Antoine) ET SON ECOLE

200. St Jacques le Majeur (82) — Tarquin et Lucrèce (208) — L'enfant offert à Priape (336) — Femme portant un enfant (450). Quatre pièces.

201. Trajan combattant les Daces, par Marc de Ravenne (206). Très belle épreuve.

202. Le Soldat rattachant son haut-de-chausse (463 B) — La Peste — Ste Famille (25 B). — Le Corps de Jésus entre les mains de trois anges (40). Quatre pièces. Belles épreuves.

RATIÈRE (Nadat, dit le Maître à la)

203. La Vierge et Ste Anne (B. 1). Superbe et fort rare épreuve d'un 1er état, *non décrit*, *avant* l'adresse : Ant. Sal. ex.

REVERDY, dit REVERDINO (G.)

204. Moïse faisant sortir de l'eau du rocher d'Horeb (B. 2) — Les trois Rois (3) — La Nativité, pl. non décrite par Bartsch. — Les Femmes au bain (35) — Bustes de Guerriers, pl. non décrite. Cinq pièces. Belles épreuves.

ROBETTA

205. L'Homme attaché à un arbre par l'Amour (B. 25). Belle épreuve.

ROTA (Martin)

206. La Sainte Trinité, d'apr. Alb. Durer 1566 (B. 26) — Maximilien II (83) — Strada (O. de). Trois pièces, belles épreuves.

SAVARY (à Lyon chez Claude)

207. Série de huit planches in-fol., gravées en bois et représentant diverses scènes de la Vie Humaine.

SCHOENGAUER (Martin)

208. Le Portement de Croix (B. 21) Epreuve brillante, mais manquant de conservation.

209. La Sépulture (18). Belle épreuve (un angle restauré).

210. La Descente aux limbes (19). Très belle épreuve, manquant un peu de conservation.

211. Le Départ pour le Marché (88). Bonne épreuve, doublée.

212. St Christophe. Copie portant la date de : 1479. Épreuve de la collection de P. Vischer. — Un Eléphant avec une tourelle (B. 70 de l'app.). Deux pièces.

SÉBASTIEN d'UI. — SILVIUS (B.) — STALBURCH

213. Repos en Égypte (B. 1) — Prométhée (2) — Loth et ses Filles. — Apollon et les Muses, d'apr. F. Floris. Quatre pièces. Belles épreuves.

SPRINGINKLEE (H.) — SCHOEN (Erhard)

214. Douze gravures en bois extraites d'un livre publié à Nuremberg en 1518. Belles épreuves.

STIMMER (Tobias)

215. Coligny (Gasp. de). Belle épreuve. Rare. — La Nativité. Deux pièces.

SUAVIUS (Lambert)

216. La Mise au Tombeau — La Charité — Scènes de sacrifice — Phallagogia priapi. Cinq pièces.

TORY (Geoffroy)

217. Sujets religieux dans des encadrements ornés, 11 pl. Très belles épreuves.

VICO (Eneas)

218. Ste Famille, 1542 (5) — Lucrèce (17) — Les trois Grâces (20) — La Forge de Vulcain — Mars et Vénus — L'Académie de B. Bandinelli — l'Arioste (241) — Domenechi (243). Huit pièces, la plupart en belles épreuves.

WECHTLIN (Jean, dit Pilgrim)

219 Gerson en pélerin (Pass. 59). Belle épreuve. Rare.

WENCESLAS D'OLMUTZ

220. St George (B. 27). Belle épreuve.

WEYDE (d'après Roger vander)

221. La Descente de croix. Belle épreuve.

WIERIX (les)

222. *S. Maria Maior* — St Martin, d'apr. M. de Vos — *Quis mihi det te fratrem...* — Buste du Christ — *Parce oues meas...* — La Prudence. Six pièces. Belles épreuves.

223. Balzac d'Entragues (Henriette de) (A. 1860). Belle épreuve, sans marge, petite déchirure (doublée).

224. Aquaviva (1857) — Hospital (Michel de l') (1931) — Isabelle-Claire-Eugénie, 2 pl. diff. (1950-1951). Quatre pièces. Belles épreuves.

225. Floris (F.) — Lombard (Lambert) — Nonius (A.) — Stradan (J.) — Anonymes. Six pièces.

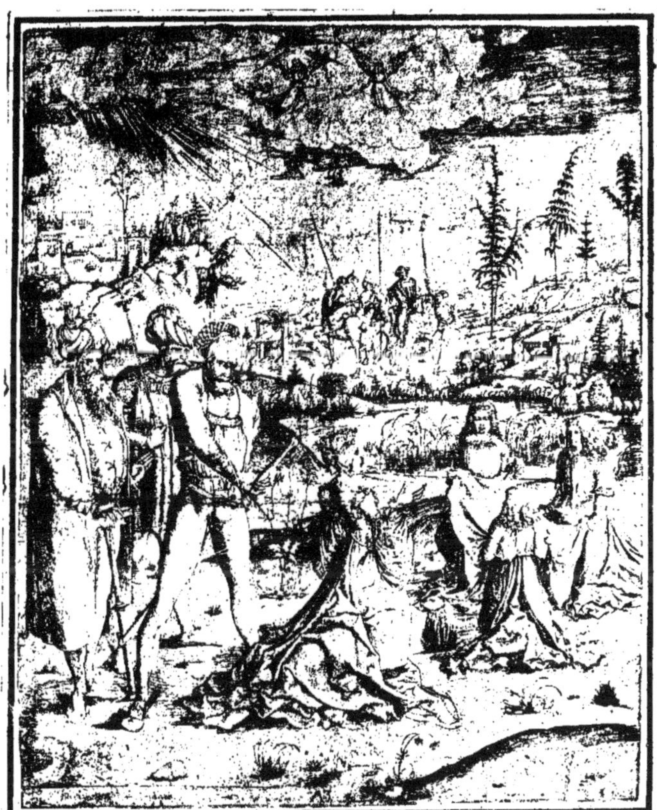

N° 227 du Catalogue.

WOEIRIOT (Pierre)

226. Aneau (B.) (273) — Duaren (F.) (282) — Le Pois (292) — Esaü vendant son droit d'aînesse (9 du suppl.) — Phalaris (205 1er état). Cinq pièces. Belles épreuves.

WOLFGANG, orfèvre

227. Louis abbé, adorant la Vierge, 1477. Très belle épreuve. (Tirage de la fin du XVIIIe siècle).

ZAGEL (Martin)

228. La Vierge, 1501 (B. 2). Belle épreuve. Rare.

229. Décollation de Ste Catherine (8). Belle épreuve, manquant un peu de conservation, doublée. Très rare.

230. Le grand Tournoi à Munich, devant la Cour du Duc de Bavière (14). Belle épreuve. Très rare.

231. Lueur et obscurité (B. 21). Belle épreuve.

XVIIe SIÈCLE

AMMAN (Jean) ?

232. Personnage en pied (J. Amman ?). Très belle épreuve. Rare.

BELLANGE (Jacques)

233. L'Annonciation (R.D. 1) — La Vierge, Jésus (10-11) — Trois Saintes (13) — Le Sauveur (17) — Diane et Orion (36) — Femme au brasier (38). Sept pièces, la plupart en belles épreuves.

BIARD FILS (Pierre)

234. Le Génie de la Sculpture (R.D. 1) — Les Figures des Arts (5) — Sacrifice d'Iphigénie (7) — Vénus excitant l'Amour contre Psyché (20) — Vénus servie par les Amours et les Grâces (21) — Jupiter enfant (16) — Salomé. Sept pièces, la plupart en belles épreuves.

BIGNON (F.) — BOUCHIER (J.) DUMONSTIER (G.)

235. Estampe relative au Mariage. In fol. Très belle épreuve. Très rare — La Vierge et l'Enfant Jésus, copie — Dame Romaine (R.D. 6) — La Nativité (4) — La Vierge et l'Enfant Jésus (12). Cinq pièces.

BOSSE (Abraham)

236. La Bénédiction de la table. Belle épreuve.

237. Le Sculpteur — Le Graveur — L'Imprimeur en taille-douce. Trois pièces. Belles épreuves (une tachée).

238. Le Prévôt des Marchands, suivi des Echevins vient complimenter Louis XIII sur la prise de La Rochelle (1187). Belle épreuve.

239. L'Enfant prodigue chez les femmes (35) — L'Adolescence (1079) — Le Mariage à la campagne (1382) — Le Pâtissier (1307). Quatre pièces. Belles épreuves.

240. Préparation du Soldat Chrétien — Mort de Didon — Callot (J.) — Larcher (M.), etc. Huit pièces.

BREBIETTE (P.) — BOULLONGNE (L. de)

241. Bacchanales et Sujets divers, 13 pl. Belles épreuves.

BRUYN (N. de)

242. Le Christ à la Colonne — La Résurrection — Joseph expliquant ses songes — Lucrèce — Bustes de Grecs, etc. Neuf pièces. Belles épreuves.

CALLOT (Jacques)

243. Callot (J.), par Vorsterman, d'apr. A. van Dyck, par M. Lasne — Delorme (Ch.) — Le Pont-Neuf et la Tour de Nesle — Sujets et figures diverses. Trente pièces. Belles épreuves.

244. Deruet (Claude), 1632 (505). Belle épreuve.

CARRACHE (Annibal et Aug.)

245. Suzanne au bain (B. 1) — Repos en Égypte (14) — L'Eventail (260). Trois pièces. Belles épreuves.

COCHIN le vieux (Natalis)

246. Sujets religieux, d'apr. Alb. Durer, 14 pl. — Titre du *Livre nouveau de fleurs*, 1645, soit 15 pièces. Belles épreuves.

COYPEL (d'apr. Ch.)

247. Psyché, par F. Joullain, pl. pour les *Sujets des Comédies de Molière*. Rare. — *Chante berger, dans ce séjour*, par F. Botel. Deux pièces. Belles épreuves.

DARET (Jean) — CHARTIER (Jean)

248. Les Vertus, suite de 9 pl. (R. D. 1-9) — Satyre blessé, par Diane (4 du suppl.) — Poésies galantes (5) — Chartier dans son atelier (R. D. 3 suppl.), soit 12 pièces. Très belles épreuves.

DUMONSTIER (d'apr. Daniel)

249. Laubespine (Ch. de), par F. Ragot — Ronsard?, par J. Wierix, 1609 — Portugal (P^ce de), par A. van Bouckel — Malherbe, par Vorsterman et Briot — Coeffeteau (N.), par C. de Passe — Harlay (du), par Lasne. Sept pièces. Belles épreuves.

DYCK (Ant. van)

250. Erasme (Didier) (D. 4). Très belle épreuve.

251. Franck (F.) (5). Deux épreuves, une *avec la faute* (doublée).

252. Breugel (J.) (1) — Momper (J. de) (7) Wael (J. de) (16). Trois pièces. Bonnes épreuves.

DYCK (d'apr. Ant. van)

253. Richemond (D^sse^ de), par Vander Bruggen, 1682 — Lemon (Mlle), par Lommelin — Le Titien et sa Maîtresse — Mallery (C. de) — Peiresc. Cinq pièces. Belles épreuves.

ÉCOLES FLAMANDE ET HOLLANDAISE

254. Sujets de genre, figures militaires, etc, 20 pl. par ou d'apr. P. Quast, Brauwer, H. Weiners, Blecker, Falck.

ECOLE ITALIENNE

255. Marche de Bacchus, d'apr. G. Bolognesi, 1619 — Lazare — Diogène — La Mélancolie, par B. Castiglione — Les Cyclopes, Apollon et Marsyas, Hercule, par Pecham — Samson et Dalila, par Crémonèse — Diane, par Caccianemici. Dix pièces. Belles épreuves.

EDELINCK (G.) — PITAN (N.)

256. Descartes (René), d'apr. Hals (181) — Mignard (P.), d'apr. lui-même (274) — Tallemant (Paul), d'apr. Coypel fils (324) — Pelisson (P.) — Mavelot (Ch.). Cinq pièces. Belles épreuves.

ELSTRACK (Robert)

257. Overbury (Th.). Belle épreuve. Rare.

FERDINAND

258. *L'Orgueil Espagnol Surmonté par le Luxe François*, d'apr, L. Testelin. Belle épreuve. Rare.

259. Le Parnasse ridicule de la Place Maubert. Très belle épreuve.

260. La Gazette — Le Retour de Gonnesse. Deux pièces. Belles épreuves. Rares.

FÊTES

261. Entrée de la Reine de Suède à Rome en 1655 — *La Festa di Testaccio fatta in Roma* — Carrousel de la Place Royale, par Merian — Entrée de Louis XIII à Avignon, 1622 — *Il vero rittratto del Miracolo de Santa Maria in via di Roma.* Quatorze pièces.

FRONTISPICES

262. Frontispices d'ouvrages du XVIIe siècle, 36 pl. par L. Gaultier, Huret, Bella, M. Lasne, H. Le Roy, A. Bosse, Hollar, etc. Belles épreuves.

GAULTIER (Léonard)

263. Jeanne d'Arc — Marie de Médicis, 1610 — Espernon (Duc d') — Virginia Nigra — Fauchet (Cl.) — Louis XIII. Six pièces. Belles épreuves.

264. Représentation des Cérémonies et de l'Ordre gardé au baptême du Dauphin, 1606. Belle épreuve.

GAULTIER (L.) — LASNE (M.)

265. *Le Passage du Monde vray miroir de la Charité qui doit estre...* — Sujets mythologiques, 6 pl. — Durand (S.) — Salazar (A. de). Soit neuf pièces.

GELLÉE (Claude)

266. Le Bouvier (8). Belle épreuve.

267. Le Soleil levant (15). Belle épreuve *avant* la date.

268. Le Campo-Vaccino (23) — Les quatre Chèvres (27). Deux pièces. Bonnes épreuves.

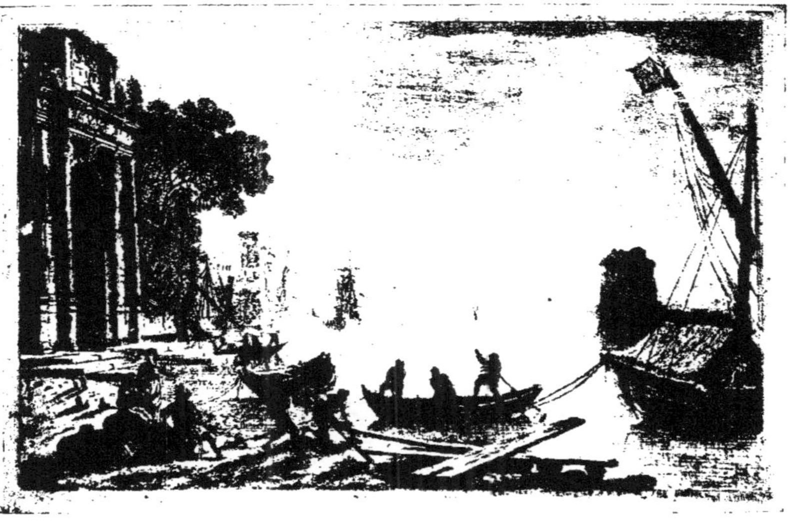

N° 267 du Catalogue.

GRANTHOMME (Jacques)

269. Henri III — Anjou (Duc d') — Lorraine (Duc de) — Grynœus (J. J.) — Tossanus (D.). Cinq pièces.

GREUTER (M.) — GALLE (C.) — GREBBER (P. de)

270. *Le Médecin guérissant Phantasie... — Formosa modot erat... — Der Fuchschwantz... — Quinque sensus hominum* — Jésus et la Samaritaine. Cinq pièces. Belles épreuves.

GOLTZIUS (H.)

271. Goltzius (H.), par R. Baudous — Egmont (François d') (B. 168). Deux pièces. Très belles épreuves.

272. L'Adoration des Mages — Jésus au tombeau (265) — Le Jugement Universel, d'apr. J. Stradan (281-284) — Neptune — La Nuit — Pluton. Neuf pièces. Belles épreuves.

HOLLAR (Wenceslaus)

273. Hollar (W.), par J. Meyssens — Wael (L. et C. de), d'apr. A. van Dyck, 1er état — La Fille du Titien — La Mariée, d'apr. M. Schœngauer. Quatre pièces. Belles épreuves.

274. Les Saisons, 1641. Suite complète de 4 pl. Très belles épreuves.

275. Cinq Manchons, 1646. Très belle épreuve. Rare.

276. Portraits et Sujets divers. Onze pièces.

HONDIUS (Henri)

277. Portraits d'artistes, 42 pl. Belles épreuves.

HUYS (F.) — HURET — HEINZ

278. Les Sybilles, 9 pl. (sur 10) — N.-D. de Myans, en Savoie — La Translation de la Vierge de Loretto. Ensemble onze pièces.

ISAC (J.) — LE BLOND

279. L'Amant passionné — Isabelle — Clorinde — Olinpe (sic) — Dorimène — Angelicque. Six pièces intéressantes pour le costume. Très belles épreuves.

JACQUART (Antoine)

280. *Les Divers pourtraicts & figures faictes sur les meurs des habitans du Nouveau Monde*, frontispice et 12 pl. en forme de frises. Belles épreuves

JEGHER (Christ.)

281. Jésus tenté au désert, d'apr. Rubens. Belle épreuve.

LAFAGE (Raymond)

282. Bacchanales. Quatre pièces. Très belles épreuves.

LE BRUN (Ch.) — LE SUEUR (Eust.) — VOUET (S.)

183. Les Heures du Jour — Ste Famille (R. D. 1). Six pièces. Très belles épreuves.

LE CLERC (Jean)

284. Charles de Bourbon, Cte de Soissons, en pied, gravé en bois. Belle épreuve. Très rare.

285. *Réduction miraculeuse de Paris... & comme sa Majesté y entra... le Mardy 22 de Mars 1594.* Très belle épreuve, *avec* la légende typographique.

LE CLERC (S.)

286. Elevation d'un May dans la Cour des Gobelins, à Paris. Belle épreuve.

LE FEBVRE (Claude)

287. Boudan (Alex.), imprimeur (R. D. 2). Très belle épreuve. Rare.

LEPAUTRE (Jean)

288. Sacre et Couronnement de Louis XIV. Suite de 3 pl. *avec le texte explicatif* (2 pl. manquant un peu de conservation).

LE ROY (Henri)

289. La Volière des Oiseaux, cahier de 8 pl. en forme de frise (2 remontées).

LOMBART (L.) — MANDER (K. van) — MALLERY — ISAC

290. Résurrection de Lazare — St Augustin — Ste Gertrude — La Kermesse, par N. Clock, 1593. Quatre pièces. Belles épreuves.

MANIÈRES-NOIRES

291. Sujet de genre, par M. Laroon — Tête de Femme, par J. van Somer — Jupiter et Calisto, par Verkolje — Charitas, par W. Vaillant — Le Peseur d'or, par van der Bruggen. Cinq pièces. Belles épreuves.

MELLAN (Claude)

292. Peiresc (N. C. Fabri de) — Vajani (Anna-Maria) — Vezzo (V. de) — Urbain VIII — Marolles (Mich. de) — Ronsard et sa Maîtresse — Gassendi (P.) — Toiras (Mal de), etc. Seize pièces. Belles épreuves.

MONCORNET (Balthazar)

293. *Livre nouveau de fleurs très utile pour l'art d'orfèvrerie et autres*, frontispice et 12 pl. 1645. Très belles épreuves en cahier.

MORIN (Jean)

294. Anne d'Autriche, d'apr. Ph. de Champaigne (R. D. 41). Très belle épreuve.

MULLER (Jean)

295. Un Romain enlevant une Sabine, d'apr. A. de Vries, pl. 1 et 2 (77-78). Deux pièces. Belles épreuves du 1er état.

NANTEUIL (Robert)

296. Lionne (Hughes de) (146). Belle épreuve du 1er état.

297. Marolles (Michel de), 1657 (171). Très belle épreuve du 1er état.

NEYTS (Gilles)

298. Lille (B. 10). Très belle épreuve. Rare.

NOORDT — LATSMAN — MOLYN

299. Reniement de St Pierre, d'apr. J. Pinas — Paysages.

ORNEMENTS (xviie et xviiie siècles)

300. Babel, Boucher, Demarteau, Dugourg, Hutin, Legeay, Radel. Ornements divers. Dix pièces.

301. Boyvin — Bry (de) — Du Cerceau (J. A.) — Toro (B.), etc. Ornements divers, 22 pl.

302. Berain (J.), Meissonnier (J. A.), Oppenort, Guyot, Le Cœur, etc. Titres, 3 pl. — Cartouche — Arabesques, etc. Neuf pièces. Belles épreuves.

303. Carteron (Et.), Bourdon (P.), Mignot, Floris, Bos, etc. Motifs de bijouterie et Ornements divers. Dix-huit pièces, la plupart en belles épreuves.

304. Mondon fils, Babel, La Joue, etc. Ornements divers, 26 pl., en partie en belles épreuves.

305. Pillement (J.) *Etudes de différentes figures Chinoises*, titre et 5 pl. — *Recueil des Tentes Chinoises*, titre et 2 pl. Ensemble 9 pièces. Belles épreuves.

306. Pillement (Jean) *Nouvelle Suitte* (sic) *de Cahiers arabesque Chinois*, frontispice et 4 pl. par Anna Allen. Très belles épreuves, *imp. en couleurs.*

307. Motifs décoratifs et d'architecture. Neuf dessins anciens par ou attribués à Du Cerceau, de la Fosse, La Rue, etc.

308. xviiie siècle : Gaines, frises. Onze dessins, plume, sépia et encre de chine.

309. Huit dessins — ornements et motifs d'architecture — de la fin du xviiie siècle et débuts du xixe.

OSTADE (Adrien van)

310. Le Père de Famille (D. 33) — Le Paysan payant son écot (42). Deux pièces. Belles épreuves.

PARIS et FRANCE

311. Donjon de Montereau-faut-Yonne — Ruines de l'Amphithéâtre de Metz — Salle du Tribunal de Poitiers — Cambrai — Saintes — St Denis, etc., 13 pl. par Chastillon, Flamen et Aveline. Belles épreuves.

312. La fameuse pompe ditte Samaritaine, 1716 — Façade du Louvre, par A. Aveline — Portail de la Ste Chapelle, par Brebiette — Faubourg St-Marceau, par Zeeman — Place des Victoires, par Nolin, etc. Onze pièces. Belles épreuves.

313. Dijon, par E. Bredin, 1574 — Lyon (Chez N. Chesneau, vers 1560) — Montpellier au xvie siècle, 3 pl. gravées sur bois.

314. Cathédrale de Reims, de Chartres, de Tulle — Gray — Autun — Lyon, Paris, etc., 24 pl.

PESNE (J.) — MORIN (J.) — LECLERC, etc.

315. L'Assomption, d'apr. N. Poussin (11) — Le Christ mort, par N. de Platte Montagne, d'apr. Ph. de Champaigne — La Madeleine, par les mêmes — La Vierge transportée au ciel, par J. Morin (29) — Deux anges (38), par le même — Sujets religieux, etc. Treize pièces.

PICOU (R.) — SCALBERGE (P.) — LE PAUTRE (J.)

316. Scènes d'Enfants et sujets divers, Ornements. Trente-trois pièces. Belles épreuves.

PIECES HISTORIQUES

317. Mariage de Louis XIII avec Anne d'Autriche (A Paris, chez N. de Mathonière). Belle épreuve.

318. Henri IV guérissant des écrouelles, par P. Firens — La Lorraine réunie à la France — La France consolée — Le Retour de la Paix — Héroïsme de Désilles, etc. Sept pièces.

PORTRAITS (XVIIe et XVIIIe siècles)

319. FAMILLE ROYALE DE FRANCE : Louis XIII, par J. Picart et P. Faber — Louis XVI, par Vérité, Massard — Charles IX — Marie Josèphe de Saxe, par Littret, etc. — Chartres (Duc de), par S. d'Agincourt et Hubert — Orléans (L. Ph. J. duc d'), (chez J. Chereau). Quatorze pièces.

320. FEMMES : Jeanne d'Arc, 2 pl. d'apr. Vignon et Duflos — Jeanne d'Albret — Marie de Bourgogne — Marie de Médicis — Jeanne de Navarre — Anne d'Autriche — Anne de Meleun — Longueville (D^sse de) — Maintenon (Mme de) — Sévigné (Mme de) La Vallière (D^sse de), etc. Seize pièces par divers artistes.

321. FEMMES : Lamballe (D^sse de), par Vérité et Bonneville — La Motte (C^tse de) — Le Guet d'Oliva (Mlle), par Villeneuve et un anonyme — Pompadour (Mme de) — Du Barry (C^sse) — Lady Hamilton — Warens (Mme de) — Corday (Charlotte), etc. Dix-neuf pièces par divers artistes.

322. MUSICIENS : Gluck (C.) — Rameau — Dalayrac — Kreutzer — Weber. Cinq pièces par Miger, Ruotte, etc.

323. Artistes : Solis (Virgile), par B. Jenichen — Jamnitzer (W.) — Lorme (Philibert de) — Vouet (S.) Blanchard (J.) — Edelinck (G.) — Stella (J.) — Sweerts (M.) — Chauveau (F.) — La Fleur (N.-G. de) — Cotte (R. de) — Le Conte (E.) — Tremblet (B.) — Jouvenet (J.) — Thomassin (H.-S.) Quinze pièces. Belles épreuves.

324. Artistes : Percenet (L. N.), par Lempereur, d'apr. Trinquesse — Vien (J.). par Miger, d'apr. Labille-Guiard — Coypel (A.), par Duchange — Greuze, par Flipart — Gravelot, par Henriquez — Lempereur (L.-S.), par lui-même — Duchange (G.), par N. Dupuis — Guérin, par Ch. Guérin. Huit pièces. Belles épreuves.

325. Artistes : Vernet (C.) — Coiny (J.), 2 pl. par H. Dupont — Henriquel-Dupont, par A. Louis — Miger, par lui-même — Desrochers, par lui-même — Filhol — Mariette, par Daullé — Gravelot, par Massard — Boilly (L.). Dix pièces.

326. Acteurs et Actrices : Mlles Contat, Lescot, Maillard, Colombe l'aînée, Raucour, Mmes Favart, Ducis, Bellamy. Dix pièces par Le Beau, Dupin, Delattre, Ruotte, etc. Très belles épreuves.

326 *bis*. Russie : Catherine II, d'après Eriksen — Alexandre Ier. Cinq pièces. Belles épreuves.

327. Lairesse (G. de), par P. Schenck — Salimbeni (V.) — Joubert (L.) — Monspel (J. P.) — Wolf (J.), par Boissard — Rubeis (M. A. de) — Brand (S.) — Este (Guil. d'), par M. Bas — Keyser (H. de), par Suyderhoef — Velde (J. van de) — Barclay (J.), par V. de Heyden — Quinkhardt, par Tanjé — N. Struyck, par Houbraken. Treize pièces. Belles épreuves.

328. Gueldre (Louis, duc de) — Mazarin, par N. de Larmessin — Rondelet (G.) — Boyceau (J.) — Serane (J.) — Lesdiguières (Duc de) — Nostradamus — Coster (L.), 2 pl. — Fabricius (J.) —

Lassus (R. de) — Tavernier (J. B.) — Haraucourt (E. de) — Cramoisy (Sib.) — Gorge (R. P.) — Foy-Vaillant (J.) — Tondut (P. F.). Dix-sept pièces. Belles épreuves.

329. Lebrun, par Bonneville — Neufchateau (F. de), par C. Guérin — Treilhard, par C. Guérin — Lalande, par Dupin — Médicis (F. de), par Callot — Palloy (P. F.), par Ruotte fils — Necker — Chénier (M. J. de) — Cange (J.) — Cagliostro — Gustave III — Romé de l'Isle — Vadé (J. J.) — Quesnay, par François — Diderot, par Henriquez. Seize pièces. Belles épreuves.

330. Généraux : Jourdan, par Gautier — Joubert, par Bourgeois — Dumouriez — Augereau, par Ruotte — Moreau, par Scheneker et Girtin — Charette — Parker, par Tassaert. Huit pièces. Belles épreuves.

331. Mirabeau, par Copia, Guyot — Mirabeau le jeune (chez Basset) — Voltaire, par Vachez, Monet, etc. Huit pièces *(2 coloriées)*.

332. Aretin (l'), 1545 — Etrurie (F. d'), par della Bella — Ste Marthe, par Boon — Descartes (R.), par Schooten — Waldeck — Péréfixe de Beaumont — de Beauchateau — Malebranche (N.) — La Monnoye (B. de) — Hamconi (M.) — Duveyrier (N.) — Gérard (M.), par Sergent — Gebelin (A. de) — Jeaurat (E. S.). Quatorze pièces. Belles épreuves.

333. Montgolfier (E. et J. de), par R. De Launay — Verhulst (Ch[r] de) — Mercier (B.) — Buffon — Launay (J. B. G. de) — Choiseul (Et. duc de), par N. De Launay — Stockmeyer, par C. Guérin — Vida — Wurtemberg (J. F. duc de) — Monte (Mme), par Houbraken — Gorris — Laurent (A.) — Astruc (J.). Treize pièces. Belles épreuves.

PROCACCINO (A.) — FRANCO (B.) — RENI (G.) ROSA (S.)

334. Repos en Egypte — La Transfiguration — S[tes] Familles — Jésus et la Samaritaine — Démocrite — Sujets religieux, par V. Strada et Borghiani. Dix pièces. Belles épreuves.

RABEL (Daniel)

335. *Le Jeu, le vin... et les Dames* — Les Musiciens, 2 pl. — Caprices de Différentes figures, 1629, titre et 14 pl. Ensemble dix-sept pièces. Belles épreuves.

REMBRANDT VAN RIJN

336. La Circoncision (B. 51 D. 56). Bonne épreuve.

337. La Vierge et l'Enfant Jésus sur des nuages (61). Belle épreuve.

338. Vénus ou Diane au Bain (201). Belle épreuve (légère restauration).

339. Lutma (J.) (B. 276). Belle épreuve.

340. La Coupeuse d'ongles, pl. faussement attribuée à Rembrandt (B. 127). Très belle épreuve.

341. *Jewess*, par C. Corbutt. Belle épreuve (doublée).

RIBÉRA (J.)

342. Jésus descendu de la Croix (B. 1). Belle épreuve.

RUISDAEL (J.)

343. La Chaumière au sommet de la colline (3). Belle épreuve.

SAENREDAM (J.) — SADELER (les)

344. Eve persuadant à Adam de manger du fruit de l'arbre de Vie, d'apr. C. Cornelis (35) — La Charité, d'apr. H. Goltzius (83) — Judith, d'apr. L. de Leyde (108) — St Benoit — Praemium, Cinq pièces. Belles épreuves.

SAINT-IGNY (Jean de)

345. Costumes et bustes de fantaisie. Dix-sept pièces, plusieurs par Briot, la plupart en belles épreuves.

SARRABAT (Isaac) — COURTOIS (J. B.)

346. Les Châteaux et Capucins de cartes, d'apr. Christophe (13) — Le Peintre dans son atelier (R. D. 1). Deux pièces. Très belles épreuves.

SCHURMAN (Anna)

347. Schurman (Anna) — Cave (Jiohanna de la). Deux pièces. Belles épreuves.

SICHEM (Christ. van)

348. L'Adoration des Bergers — La Circoncision, d'apr. Goltzius — Judith, d'apr. Goltzius, 3 pl. diff. — Hochfelder (P.) — Le Petit (J. F.) — Adam pastor van Dorphem — Sems (J.), 1623. Dix pièces. Belles épreuves.

SILVESTRE (Isr.) — SON (Nicolas de)

349. Vues d'Avignon, Grenoble, Boulogne, etc. — *L'Excellent frontispice de l'église de l'abaye de Sainct Nicaise de Reims.* Douze pièces. Belles épreuves.

SOLIS (V.) — VALDOR (J.) — VELDE (J. van de)

350. Jupiter et Sémélé — Vénus — David — Torrentius — St François Xavier — Jésus — Bataille, par Kelertaler — Cathédrale de Strasbourg, par Brunn.

TÉNIERS, RUBENS, WAEL, etc.

351. Petite vue de Flandres, par Le Bas — Le Joueur de violon, par C. Boel — Les Aveugles, titre et 10 pl. — Ecce Homo, par Traudt — Le Christ à la colonne, par M. A. Hannas — Jupiter et Calisto, par Zenoi — Silène ivre. Seize pièces. Belles épreuves.

XVIIIe SIÈCLE

ADRESSES et CURIOSITÉS

352. Victor et Joseph Cheaulier, fabricants de savons à Marseille, par Choffard (avec une vue du port de Marseille). Très belle épreuve. Rare.

353. *Hallé, dit Mercier, Peintre et Modeleur, Rue de l'Arbre-Sec, N° 19.* Très belle épreuve.

354. *Sergent, Me Imprimeur en Taille-Douce,.... rue des Noyers...* Belle épreuve.

355. *Vallayer, orfèvre du Roy, Rue du Roule...* par Choffard, 1760. Très belle épreuve.

356. *Élixir d'Amour de Claude Brun et Compagnie, Distilateur... à St Marcelin... Izère...* par Bovinet, 1800, d'apr. Clavareau. Très belle épreuve. Rare.

357. *Pontet, Orfèvre Jouaillier, rue St Honoré,* par Roger — *Debord, rue de l'Arbre Secq,* par Berthault — *Macquet, Graveur, Rue St Jacques N° 249.* Trois pièces. Belles épreuves.

358. *De Haynault, orfèvre jouaillier, Quai des Orfèvres,* très-rare — *Jacquemin, chirurgien des Pauvres de Mgr le Duc d'Orléans — A la Testenoire. F. Andry,* 1758 — *Aux trois Maillets d'or — Papillon, Graveur sur bois.* Cinq pièces par Papillon. Très belles épreuves.

359. *Mongenot, Graveur et Ciseleur... — Dumas et Boichon, Marchand Fourbisseur à Montpellier.* Deux pièces rares. Belles épreuves.

360. Mandat de cinq Baisers payable au porteur. Rare.

361. Brevet de Volontaire de la Garde Nationale de Montpellier, par Donnadieu. Belle éprreuve sur parchemin. Très rare.

362. Lettre d'invitation de l'*Académie de St Luc*, de Paris, par Babel, d'apr. Pineau fils. Très belle épreuve.

363. Billet de Naissance, billet de mariage, Invitation à dîner. Trois pièces par Mme Desmaisons. Très belles épreuves.

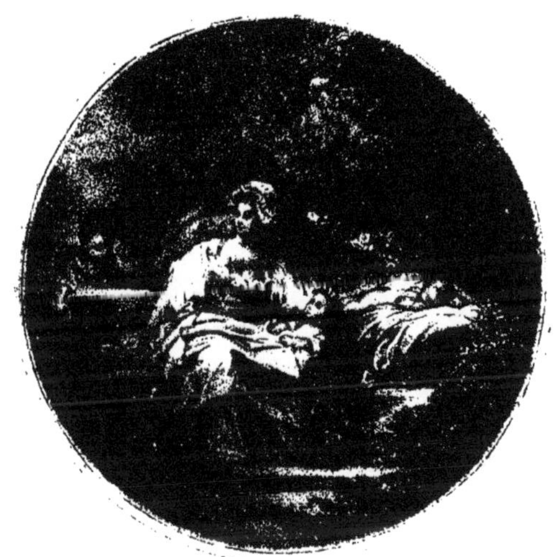

N° 497 du Catalogue.

364. Préfecture de Loir et Cher, par Duplessi - Bertaux et Choffard, d'apr. Mlle Desparanches — Maison Impériale Napoléon, carte de contentement — Congé absolu, par Godefroy, d'apr. Vernet — Académie des Arts de Peinture — Biennais, orfèvre. Cinq pièces.

365. Tableaux des Papiers Monnoies qui ont eut (sic) Cours depuis l'Epoque de la Révolution Française — Payements de Lyon, Foire de Pezenas — Dessus de tabatières aux Assignats. Cinq pièces. Belles épreuves, 2 *coloriées*.

366. *Le Sieur Crepin Graveur sur tous métaux*, 1778 — *Bongrand, Graveur Sisselleur* (sic) — Delusse, peintre — Couronnement de l'illustre Coutelier Présoli — Billet de faire-part, etc. Onze pièces.

367. Vignettes d'Almanachs du XVIIIe siècle, 22 sujets.

ALIX (P. M.)

368. Barra (Joseph), d'apr. Garneray. Belle épreuve, *imp. en couleurs* (petite tache).

369. Corday (Charlotte). Belle épreuve, *imp. en couleurs*.

370. Bailly (J. S.), d'apr. L. David — Diderot, d'apr. L. M. Vanloo. Deux pièces. Belles épreuves *imp. en couleurs*.

ALMANACHS

371. Sujets gracieux pour un Almanach de 1780, 10 pl. (sur 12). Belles épreuves.

AMÉRIQUE (Estampes relatives à l')

372. *Nova totius terrarum orbis geographica...*, par H. Le Roy, 1636 (petite déchirure) — La Havane, par P. S. — Façade de l'Eglise de Santiago, par N. Pinson — Colomb (Christ.), par H. B. Quatre pièces. Belles épreuves.

373. *Mr de Lafayette... reçoit des mains de la Ville l'Epée de la deffense* (sic) *de la liberté*. Très belle épreuve, *coloriée*.

374. Le Tombeau de Voltaire, par C. Macret. Très belle épreuve, *avant la dédicace*.

375. Washington (G.), par B. Roger, Ruotte, Macret, Le Beau — Franklin (B.), par Le Beau, Mme Monthaland — Colomb (Christ.), par Mercuri — Du Sein de la tyrannie... Huit pièces. Belles épreuves.

AVELINE — PÉRELLE — COQUART

376. Recueil factice de vues de Paris et de France, contenant 170 pl. en 1 alb. in-fol. cart. Belles épreuves.

AVRIL (J. J.)

377. L'Offrande à l'Amour — Le Serment de Fidélité. Deux pièces se faisant pendants. Très belles épreuves, *avant la lettre, signées.*

BALLONS (Est. relatives aux)

378. Expérience du Globe Aérostatique de MM. Charles et Robert, 1783 — Globe Aérostatique de Mrs Charles et Robert, par Boutelou. Deux pièces. Belles épreuves.

BANCE (A Paris, chez)

379. Napoléon Bonaparte, premier Consul à vie (l'Heureuse Etoile). Belle épreuve. Rare.

BARTOLOZZI (F.)

380. Bartolozzi (F.), par J. Bouilliard, d'apr. P. Violet. Très belle épreuve. — Sujets gracieux, avt l. l. Quatre pièces.

381. Persée et Andromède, d'apr. Cipriani. Très belle épreuve *tirée en bistre.*

382. *Vénus Bathing*, d'apr. Cipriani. Très belle épreuve *tirée en bistre.*

383. Le Jugement de Pâris, d'apr. Cipriani, 1785. Très belle épreuve, *avant la lettre, tirée en bistre* (piqûres).

384. *Market of Love*, 1793. Très belle et rare épreuve *avant la lettre, tirée en ton bistré.*

385. Cipriani (G. B.), publ. par M. Bova — Philidor (A. D.) — Jane Shore, 2 pl. diff. — *Pax Artium Nutrix*, d'apr. B. West — Cartes pour les bénéfices de Borghi et de Tendusci. Sept pièces. Belles épreuves.

BARTSCH (Adam)

386. Bartsch (Adam), par lui-même, 1785. On y a joint le portrait de Robert-Dumesnil, par Chabanne. Deux pièces. Belles épreuves.

BASSET (A Paris chez)

387. La Probité — La Force. Deux petits sujets de forme ronde gravés sur le même cuivre. Très belle épreuve, *imp. en couleurs.*

BAUDOUIN (d'après P. A.)

388. Allégorie (pour la Princesse de Navarre, Comédie-Ballet) (E. B. 1). Belle épreuve.

389. Le Cathéchisme, par Moitte (12). Belle épreuve, *avant la lettre.*

390. L'Enlèvement nocturne, par Ponce (20). Epreuve manquant un peu de conservation.

391. Le Jardinier galant, par Helman (25). Très belle épreuve.

392. Le Matin, par E. De Ghendt (32). Belle épreuve.

393. Sa Taille est ravissante, par Le Beau (43). Très belle épreuve.

BEISSON (Etienne)

394. Marat, d'apr. J. Boze, 1793. Belle épreuve, *avant la lettre.*

BENWELL (d'après)

395. *Cupid Disarm'd*, par Boillet. Très belle épreuve *tirée en bistre.*

BERGNY (à Paris chez)

396. Ier Rendez-vous de Charlotte et de Werther. Très belle épreuve, *coloriée.*

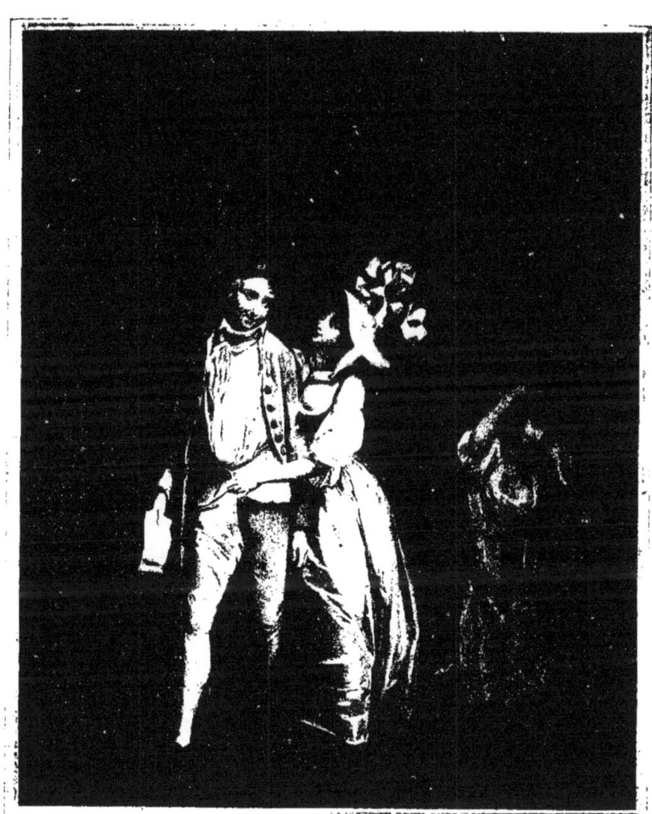

N° 408 du Catalogue.

BERTHET

397. Les Vainqueurs des Anglais : Jeanne d'Arc, Duguay-Trouin... — Hoche, Dunois... Deux pièces. Belles épreuves.

398. *La Victoire et la Paix couronnent ce Héros* (Bonaparte), petite pl. de forme ronde. Très belle épreuve. Rare.

BINET (d'apr. L.)

399. Restif de la Bretonne, par L. Berthet — Vignettes pour les Œuvres de Restif de la Bretonne, 140 pièces.

BOILLY (d'apr. L.)

400. Ah! comme il y viendra! par Clavareau. Belle épreuve.

401. L'Amant favorisé, par A. Chaponnier. Belle épreuve.

402. L'Amant poete, par Lévilly. Belle épreuve *avant la lettre.*

403. L'Amusement de la campagne, par Tresca. Belle épreuve, *imp. en couleurs.*

404. Les Bacchantes et le Satire (sic), par Allais. Très belle épreuve, *imp. en couleurs*, avec rehauts.

405. Ça ira — Ça a été. Deux pièces par Mathias et Texier, se faisant pendants. Belles épreuves.

406. Défends moi — La Leçon d'union conjugale. Deux pièces par Petit, se faisant pendants. Belles épreuves.

407. La Douce résistance, par S. Tresca. Très belle épreuve.

408. On la tire aujourd'hui, par Tresca. Belle épreuve.

409. Poussez ferme — Ah! ah! qu'il est sot. Deux pièces par Petit, se faisant pendants. Belles épreuves.

409 *bis*. Les mêmes estampes. Belles épreuves (petites cassures à une pl.).

410. Que n'y est-il encore, par Petit. Belle épreuve.

411. Le Porte-drapeau de la Fête civique, par Copia. Deux belles épreuves, une *avant la lettre, tirée en sanguine*.

412. La Sauve Garde de l'Enfance, par Maoolan. Bonne épreuve.

413. Réunion d'Artistes, par A. Clément, avec la pl. de trait explicative, 2 pièces — Défends-moi, par Petit — La Solitude, par Tresca — Portrait par Susemilh ? Cinq pièces.

BOIZOT (d'après)

414. La Liberté — L'Egalité — La Fraternité. Suite de 3 pl. ovales, par Mmes Lefevre, Demonchy et Rollet. Superbes épreuves, *imp. en couleurs*, toutes marges.

415. L'Amour de la patrie inspire le courage — La Bienfaisance — Va où la gloire t'appelle — La Philosophie découvrant la Vérité — La belle Nourrice — La Raison — Le Génie de la Nation. Sept pièces par Tassaert, Gautier, Darcis et Chapuy. Belles épreuves, deux *imp. en couleurs*.

BONNET (L. M.)

416. Du Barry (C[sse]), 1769. Belle épreuve tirée en 2 tons (épidermures).

417. *Jupiter and Antiope*. Très belle épreuve, *imp. en couleurs*.

418. La Musique — La Danse. Deux pièces se faisant pendants. Très belles épreuves, *imprimées en couleurs* (filet de marge, doublées).

419. La Dormeuse. Très belle épreuve, *imp. en couleurs*.

420. Femme en buste, tournée vers le fond, d'apr. Le Clerc. Belle épreuve, *imp. à l'imitation du pastel* (sans marges).

421. Tête exécutée d'apr. Huet avec les crayons de couleur du Sr Nadeau. Epreuve *imp. en couleurs* (manque de conservation).

BOREL (d'apr. Ant.)

422. Vous avez la clef... mais il a trouvé la serrure, par Anselin. Très belle épreuve.

BOUCHER (d'apr. F.)

423. L'Amour et Psyché, par l'abbé de St Non, 1766. Très belle épreuve *tirée en bistre.*

424. Les Amours pastorales, par Cl. Duflos. Très belle épreuve.

425. Les Grâces — Naïades et Tritons, par l'abbé de Saint-Non, épreuve et contre-épreuve. Trois pièces. Très belles épreuves, *tirées en bistre.*

426. Une Source, par Petit. Très belle épreuve, *imp. en sanguine.*

427. Cinquième Livre de groupes d'enfants — Groupes d'Enfants, par Huquier fils — Le Tribut de la reconnaissance, par Eberts — Plafond, par François, etc. Neuf pièces. Belles épreuves.

BRETON (à Paris chez Mme)

428. Les Baigneuses. Très belle épreuve *imp. en couleurs* et rehaussée.

BRICEAU (d'après)

429. La Philosophie et l'Innocence rendent les derniers devoirs à Franklin — Les cendres de Voltaire et de J. J. Rousseau sont portées au tombeau des grands Hommes. Deux pièces par Colibert, se faisant pendants. Belles épreuves, la seconde *tirée en bistre.*

CARICATURES ET SCÈNES DE MŒURS

(XVIe au XIXe siècles)

430. Nous sommes sept — Le Borgne vigoureux — Robin porteur d'eau — La Mariée — Arlequin Protée — Toute vostre bonne adventure. Sept pl. par Ragot, Bertrand, Le Blond, etc. Belles épreuves.

431. Les 4 Ages en proverbe dans l'Amour — Le Cornard contant — Si Jeunesse sçauoit... — Le Maître bouffon, 4 pl. par Lagniet et J. Isac — *En Vuilt Myn...* — *Wehr mutter wehr...* — L'Asinaria. Sept pièces.

432. Scènes relatives aux Peintres, à la Danse et à la Musique, 17 pièces.

433. La Salle de Danse, les Ridicules du Jour — La Première nuit de noces — L'Amour du Temps présent — La Pudeur trahie — Le Coup de vent — Le Berceau d'Amour — Les Nageurs — Le Bon Genre, etc. Onze pièces. Belles épreuves (6 *coloriées*).

434. L'Aspirant civil — Ah Dieu le vent m'emporte — L'Aspirant à sa toilette — Encore eut il mieux valu plier que rompre — La Vénus antique à sa toilette — Rémouleur moderne — Le Repas du politique — Les douceurs de l'Automne — Les Quatre Mendians — Mr Calicot — Mr Courtaud. Douze pièces. Belles épreuves (la plupart *coloriées*).

435. Cabinet littéraire des artistes réunis, Palais du Tribunat. Belle épreuve, *coloriée.*

436. *Ma finte pour ce Coup ci...* — Recette pour faire périr les Rats de Cave — Le Jeu du 31 (1792) — Le Fait n'est que trop vrai — Abus à supprimé (sic) — Sans vous je périssait (sic) — Paris tel qu'il est — Accident funeste, etc. Seize pièces. Belles épreuves, la plupart *coloriées.*

CARESME (d'apr. Ph.)

437. Le Marchand d'orviétan de campagne, par Bonnet. Belle épreuve, *tirée en 2 tons.*

438. Le Refus inutile, par F. Flipart. Très belle épreuve.

CARMONTELLE (L. C. de)

439. Voltaire, en pied, 1778 — Dortous de Mairan, 1760. Deux pièces. Très belles épreuves.

CARTES

440. Spectacles, carte du ministre de la Police — Administration de la grosse Artillerie — Sureté — Commune des Arts, par Gaucher — Armée d'Italie, République Française. Cinq pièces rares. Belles épreuves.

441. Comité de Salut public, par Queverdo — Droit de l'Homme, petite pl. de forme ronde, *imp. en couleurs* — République Cisalpine — Gloire aux Représentants... an 5. Quatre pièces rares. Belles épreuves.

442. Au nom de la République — République Française — La Liberté couronnant l'Egalité — Egalité, etc. Six pièces rares. Belles épreuves, une *imp. en couleurs.*

443. Carte allégorique de la Ire République — République, toute la République — Garde champêtre de la commune de Montpellier. Cinq pièces rares. Belles épreuves.

444. Cartes à jouer anciennes. Un lot.

CHALLE (d'apr. M. A.)

445. Le Portrait chéry, par Bonnet. Très belle épreuve, *imp. en couleurs.*

CHALLIOU (P. J.)

446. L'Enlèvement. Très belle épreuve, *avant la lettre.*

CHAPUY

447. Louis Seize, d'apr. Brion de la Tour. Très belle épreuve, *imp. en couleurs*.

CHARDIN (d'apr. J. B. S.)

448. Les Amusements de la vie privée, par Surugue (1) — La Gouvernante (24). Deux pièces. Bonnes épreuves (une doublée).

449. Les Osselets, par Fillœul (39 bis). Très belle épreuve.

450. La Ratisseuse, par Lépicié (46). Belle épreuve.

CHATAIGNIER (A.)

451. *Bonaparte Premier Consul remettant l'Épée dans le fourreau après la Paix Générale.* Belle épreuve. Rare.

452. *Le Soutien de la France* (Bonaparte). Très belle épreuve.

CHOFFARD (P. P.)

453. Ex-libris (Ferragut). Superbe épreuve. Rare.

454. Ex-libris Rilliet, d'apr. C. Monnet. Superbe épreuve.

CIPRIANI (d'apr. G. B.)

455. *Nymphs Bathing*, par Le Grand. Très belle épreuve tirée en 2 tons et coloriée.

CIPRIANI & ROSALBA CARRIÈRA

456. Cléopâtre — Rosalba. Deux petites pièces de forme ovale, par M. A. Sainctelette. Très belles épreuves, *imp. en couleurs*.

COCHIN FILS (par et d'apr. C. N.)

457. *Histoire de Louis XV par Médailles*, Paris, 1770. Neuf pièces. Belles épreuves, *avant la lettre*.

458. Caylus (Cte de), à l'état *d'eau-forte* — Pierre — Cochin fils — Mariette (P. J.) — Houel — Chalut Marigny (Mis de) — La Live de Jully, par lui-même — Lemoine (J. B.) — Dortous de Mairan — Basan (P.F.) — Diderot (D.). Quinze pièces. Belles épreuves.

COLIBERT (N.)

459. La Patrie satisfaite. Superbe épreuve, *imp. en couleurs*, toutes marges.

COPIA (L.)

460. L'Innocence en danger, d'apr. Devosge. Belle épreuve, *avant la lettre*.

461. Le Maréchal-ferrant de la Vendée, d'apr. Sablet. Très belle épreuve.

462. Un Général guidé par la Gloire, pl. non terminée. Très belle épreuve.

COSTUMES, MÉTIERS & SCÈNES DE MŒURS

463. Coiffures, 2 pl. extraites d'un livre publié à Strasbourg en 1537 — Métiers, par F. Curti, 7 pl. — Costumes, de J. D. de St Jean, 2 pl. — Métiers, par N. L. 4 pl. — 2 pl. par de Jode et Schenck, soit dix-sept pièces. Belles épreuves.

463 *bis*. Types et costumes, par A. Bosse, P. Nolpe, Savry, Franco, Daugard, Daret, Goyrand, Lasne, Businck, Rousselet, Londersul, etc. Trente-quatre pièces. Belles épreuves.

464. Costumes : 1re République et Empire, 16 planches, plusieurs *avant la lettre*.

465. Jeune Dame donnant une rose à son fils — L'Intéressante Corine — Costume Français, pl. 122. Trois pièces *coloriées*.

466. *Costume Parisien*, ans 11, 13, 1809, etc., 20 pl. Belles épreuves, *coloriées*.

467. La Bouquetière des Indes Occidentales — Natifs libres de Dominique — Fille mulâtre de la Barbade. Trois pièces par Ruotte, à toutes marges.

468. Départ des Remplacés — Arrivée des Remplaçans. Deux pièces se faisant pendants. Très belles épreuves.

469. Travestissements, par Gatine, pl. 5 et 10 — Paris, Elève-peintre — Elève d'une Ecole de Danse, 2 pl. — Arlésienne — Le Bon Genre, pl. 56 — La Physionomie du Jour — Pièces diverses, 20 pièces.

470. *Comment trouvés-Vous cela ? — Est-ce que cela vous touche ?* 2 pl. par J. S. Negges — L'Allemand — Le Flamand, par Kittestein — Mante anglo-française — Costumes, par J. Amman. Six pièces.

COSWAY (d'apr. R.)

471. Cosway (R.), d'apr. lui-même, par M. Bova, 1786. Très belle épreuve, *tirée en bistre.*

472. Mme Récamier, par Ch. Silésien. Belle épreuve.

473. Vénus, par J. R. Smith, 1774. Très belle épreuve.

COUTELLIER

474. Mme Julien. Superbe épreuve *imp. en couleurs*, toutes marges.

DANLOUX (d'après)

475. *Il m'a tiré les Oreilles — Tant mieux ! c'est bien fait.* Deux pièces par Perré, se faisant pendants. Belles épreuves.

DAULLÉ (J.)

476. Gauffecourt, d'apr. Nonnote.

DAVID (d'apr. L.)

477. Marat tel qu'il était au moment de sa mort, par Copia. Très belle épreuve. Rare.

478. Costumes des Membres du Directoire. Neuf pièces, par Denon et Chataignier. Belles épreuves (une *coloriée*).

DAVID (A. F.) — DEMONCHY — DARCIS

479. La Promesse du retour, d'apr. Tischbein — La Vengeance des Nymphes, d'apr. Grangeret — La Brouille — Le Raccommodement — Printemps, par Voysard, d'apr. Huet — La Triple ivresse — A l'Amitié, par Benoist. Sept pièces. Belles épreuves.

DEBUCOURT (P. L.)

480. Les Voisines laborieuses, par Angèle Moitte (M. F. 3) — Vive le Roy, par A. Legrand, 3e et 4e états (25). Trois pièces.

481. Orléans (Mgr le Duc d'), 1789 (20). Superbe et rare épreuve, *imp. en couleurs*, *avec la date*, toute marge.

482. La Rose mal défendue, 1791 (27). Belle épreuve (sans marges sur 2 côtés).

483. Pauvre Annette (52). Belle épreuve, *avec* les mots : *Gravé au pinceau*.

484. Minet aux aguets (57). Belle épreuve du 1er état (filet de marge).

485. Modes et Manières du Jour, pl. 1, 2, 6, 7, 8, 9, 10, 12, 15 et 50 (71 et suiv.), soit dix planches. Belles épreuves, *coloriées* (4 à toutes marges).

486. La Mort d'Héro (131). Très belle épreuve du 2e état, *avant la lettre*, *imp. en couleurs*.

487. La Femme et le Mari ou les Epoux à la Mode (148). Très belle épreuve (piqûres).

488. La Petite Barque ou l'Heureuse Union (170). Belle épreuve sans marge sur 3 côtés (trous de vers).

489. Un Gourmand (150) — Le Gourmand (498). Deux pièces. Très belles épreuves.

490. Le Coeffeur (309). Belle épreuve.

491. Vent devant — Vent derrière (312-313). Deux pièces se faisant pendants. Très belles épreuves.

492. Mme la D[sse] d'Angoulême, au tombeau de ses Parents, d'apr. Mallet (332). Belle épreuve.

493. Les Premiers pas de Paul et Virginie — Le Tailleur — La Marchande de coco, d'apr. C. Vernet. Trois pièces, la dernière *coloriée*.

494. Liberté (40) — Fraternité (42) — Unité (43) — La Soif de l'or, d'apr. Prudhon (135). Quatre pièces. Belles épreuves (2 de premier état).

DE GOUY (A. M.)

495. L'Amant favorisé, d'après L. Boilly. Très belle épreuve.

496. L'Essai du Corset, d'apr. Wille fils. Très belle épreuve.

497. La Bonne Mère, d'apr. H. Fragonard. Superbe épreuve, *avant toute lettre, imprimée en couleurs*, toutes marges.

498. La Curieuse — Cou-cou. Deux petites pl. de forme ovale, d'apr. Mallet (?) et Regnault, se faisant pendants. Très belles épreuves, *tirées en bistre*.

499. Oh! che boccone! d'apr. Sicardi. Très belle épreuve, *tirée en bistre*.

500. Le Prélude de Nina, d'apr. Boilly. Très belle épreuve, *tirée en 2 tons*.

501. Pastorales, 2 pl. de forme ovale se faisant pendants. Très belles épreuves *avant la lettre*.

DEMARTEAU (G.)

502. Pastorale, d'apr. Boucher (n° 487). Très belle épreuve, *tirée en 2 tons.*

503. Pastorale, d'apr. J. B. Huet (n° 523). Très belle épreuve, *tirée en 3 tons.*

504. Le Satyre amoureux, d'apr. Caresme (542). Très belle épreuve *tirée en plusieurs tons.*

505. La Mort a révélé le secret de sa vie, d'apr. Cochin fils — J. L. Gouttes, curé d'Argelliers, d'apr. Le Barbier (n° 677) — Amours, d'apr. Boucher (n° 100) — Femme et Amour — Portrait, d'apr. A. van Dyck, etc. Sept pièces.

DESRAIS (d'après C. L.)

506. Marie-Antoinette, par Deny (Galerie des Modes Françaises). Très belle épreuve.

507. Assassinat de J. P. Marat, par Marchand. Très belle épreuve.

508. Assassinat de Collot d'Herbois — Geoffroy arrête Amiral assassin de Collot d'Herbois. Deux pièces par Marchand. Belles épreuves.

509. La Victoire couronnant Napoléon le Grand, par Benoist. Belle épreuve. Rare.

510. Modes du Jour, pl. 12 (le Médecin aux Urines) et 14 (Entrée au Bal paré et masqué). Deux pièces. Très belles épreuves, *coloriées.*

DESRAIS — DEVOGE (d'après)

511. Couronnement de Voltaire, par Mlle Clairon, par Dupin — Oudot (F.), l'homme aux miracles, par Monnier — Sapho inspirée par l'Amour, par Copia — Sujets gracieux, par Porée. Cinq pièces (2 avt l. l.)

DROUAIS (d'apr. F.-H.)

512. Marie-Antoinette, par L. J. Cathelin. Très belle épreuve.

DUGOURE (d'après)

513. Achève ton ouvrage n'oublie pas la dernière, par Elluin. Très belle épreuve.

DUTAILLY (d'après)

513 *bis*. Imitation de l'Antique — Admiration de l'Antique. Deux pièces par Mmes Lingei et Prot, se faisant pendants.

EARLOM (R.)

514. The Royal Academy of Arts, d'apr. J. Zoffany. Très belle épreuve (petite cassure).

ÉCOLES FRANÇAISE ET ANGLAISE

515. Céladon et Célie, par Canu — L'Accord, par A. Le Grand — Comédie, par Ruotte — *Etty's Rover*, par Woolnoth — La Pensive anglaise — Profitons du moment — L'Enlèvement, par Bartolotti — La Romance, par Legrand — Bacchus et Ariane — Le Glouton, par Ravenet — L'Indiscret — A la Volupté — La Séduction — Vénus, d'après Nattier. Quatorze pièces.

516. Le Verrou ou la sureté des amans — Les Regrets inutiles. Deux pièces de forme ovale, se faisant pendants. Très belles épreuves, *coloriées*.

517. Sujets galants, 21 motifs pour boutons sur 3 pl., publiées par Basset et Deny. Très belles épreuves, *coloriées*.

518. Vénus et l'Amour, par Caylus, d'apr. Tremollières — Enlèvement de Déjanire — Enlèvement d'Orithie, par Villeneuve, d'apr. Desrais — La Danse — La Jarretière — L'Amour et Psyché — Femme et Amour, par Maria Cosway — Pauvre Jacques — L'Amour et Psyché, par Herhan — Pierrot et sa progéniture, par Le Bas. Dix pièces. Belles épreuves.

519. L'Alliance de Bacchus et de Vénus, d'apr. N. Coypel — Jupiter en pluye d'or, par F. Aveline, d'apr. Natoire — Veni Coronaberis — L'Enlèvement, par Payen — La Toilette pastorale, par Pinguet — l'Amour et l'Innocence, par Seguin — Le Mariage, par Bellanger — L'Opérateur Barri — Ballet du P[ce] de Salerne — L'Etude de la Musique — Jupiter et Léda, par B. Picart. Onze pièces. Belles épreuves.

520. *Aminta Rising....*, 1751 — *A Country Prospect in a Calm* — *John Bull in Paris....* 1796 — Offrande à Vénus — La Jardinière coquette, *imp. en couleurs.* — Sorrows of Werther, par Bartolozzi. Six pièces.

521. Jupiter couvre la Terre de nuages pour Jouir d'Io, par Neger, d'apr. Monnet — Venus amène Cupidon au secours de Calypso, par Patas — Abélard offre l'Hymen à Héloïse — l'Après dinée — Les Gentilles Villageoises, par Le Bas — Le Concert champêtre, d'apr. Eisen, etc. Quatorze pièces.

522. La Mlle d'Amour — Pastorale, par Bonnet, d'apr. Boucher. Deux pièces. Belles épreuves, tirées en sanguine, une rehaussée.

523. La Musique — Le Bain — Le Repos — Leçon d'équitation, etc. Huit pièces d'apr. Benwell, Challiou, Parrocel, etc (une *avant la lettre*).

524. Le Pasteur complaisant — L'Amour couronné par les Grâces — Léda, etc. Neuf pièces d'apr. Boucher, Maillet, Pierre, etc.

525. Sujets divers et paysage. Treize pièces.

EX-LIBRIS et ARMOIRIES

526. Armoiries de Jean Eck (XVIe siècle) — Armoirie, par Villaména. Deux pièces. Belles épreuves.

527. Ex-libris Morand, par De Lafosse, d'apr. Mettay, 1758. Superbe épreuve — Balthazard (N. F. X), par lui-même, 1755. Deux pièces.

528. Ex-libris et Armoiries, 10 pièces par Jeanjean, Brondes et Baumès. Belles épreuves.

529. Ex-libris et Armoiries, 10 pl. par Jeanjean, Tubert, Brondes et Simonin.

530. Lanau (A. B.), par Michel — de Joubert, par Chalmandrier — de Bosc — Anonymes, par Jeanjean, Brondes, etc., 18 pl. Belles épreuves.

531. Monferrier (Mis de), par Chalmandrier — Dufau (B.) — Joubert (de) — Sabatier (J.) — Agde (Bompar d') — St Priest (Marie Sophie de), etc. 31 pièces, plusieurs rares. Belles épreuves.

FRAGONARD (Honoré)

532. Fragonard (H.), par Le Carpentier. Très belle épreuve *avant le nom du graveur.*

533. Les Traitants (P. de B. 1). Belle épreuve.

534. L'Armoire, 1778 (2). Très belle épreuve.

535. Le Parc (4). Très belle épreuve.

536. Bacchanales (6 et 9). Deux pièces. Belles épreuves *tirées en bistre.*

537. Franklin (10). Belle épreuve *tirée en bistre.*

538. Les deux Femmes à cheval (5) — La Circoncision (11) — Les disciples au tombeau (18) — St Marc (8) — Institution de l'Eucharistie (17) — La Conception de la Vierge (16) — St Jérôme (21) — Antoine et Cléopâtre (23). Huit pièces. Belles épreuves.

FRAGONARD (d'après H.)

539. Contes de La Fontaine : Le Muletier (eau-forte pure) — La Matrone d'Ephèse (eau-forte pure) —

Joconde (avant la lettre) — Belphégor (avant la lettre) — La Gageure des trois Commères, etc. Quatorze pièces, la plupart en belles épreuves.

540. Annette à l'âge de quinze ans — Annette à l'âge de vingt ans. Deux pièces par F. Godefroy, se faisant pendants. Belles épreuves.

541. Le Baiser, par Marchand. Belle épreuve.

542. Le Baiser Dangereux, par Flipart. Belle épreuve (épidermure).

543. La Culbute, par P. F. Charpentier. Belle épreuve *avant la lettre, tirée en bistre.*

544. Fontaine d'Amour — Serment d'Amour. Deux pièces par Audebert, se faisant pendants. Très belles épreuves, *imp. en couleurs.*

545. La Fontaine d'Amour, par N. F. Regnault. Belle épreuve.

546. La Gimblette, par Bertony. Très belle épreuve, *avant toute lettre* et *avant les armes.*

547. Les Hasards de l'Escarpolette, par N. de Launay, épreuve à *l'état d'eau-forte* (sans marge et rognée à droite).

548. La Nature — La Curiosité. Deux pièces par J. B. Gérard, se faisant pendants. Très belles épreuves.

549. La Résistance inutile, par N. F. Regnault. Belle épreuve.

550. Le Sacrifice de la Rose, par H. Gérard, épr. manquant un peu de conservation.

551. S'il m'était aussi fidèle, par Dennel. Très belle épreuve, *avant toute lettre, signée.* Encadrée.

552. *Spirat adhuc Amor*, par le Cte de Paroy. Très belle épreuve, *tirée en bistre.*

553. Les Jets d'eau — Les Pétards. Deux pièces par Auvray, se faisant pendants. Belles épreuves de tirage postérieur.

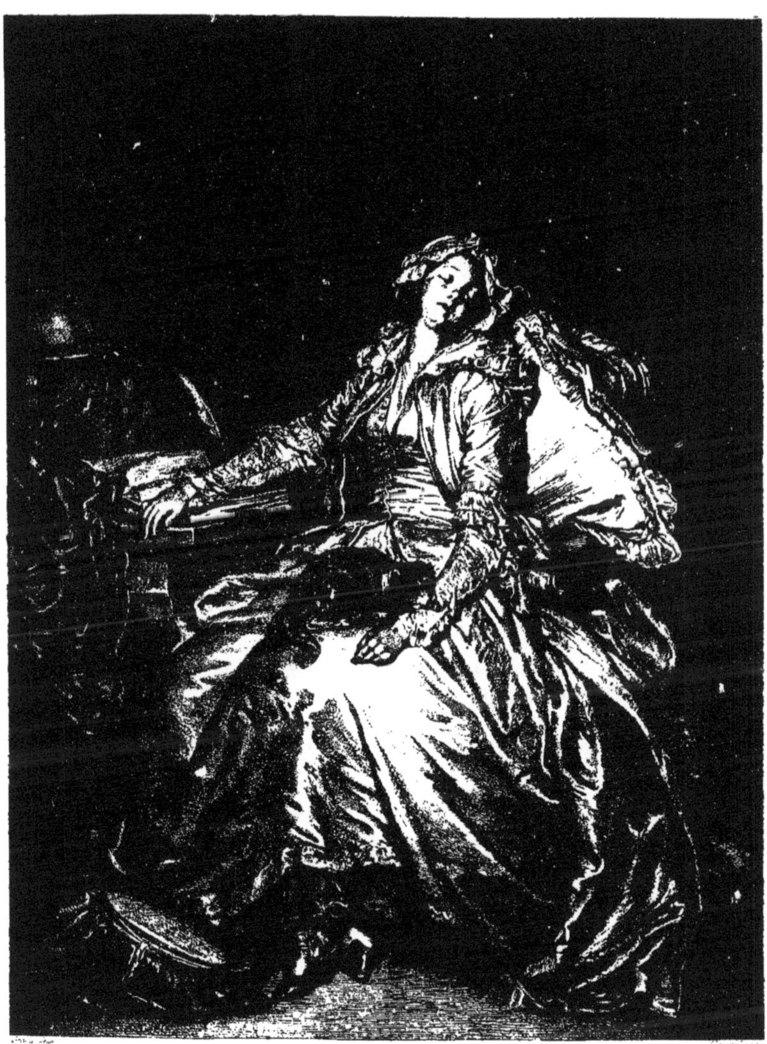

N° 576 du Catalogue.

554. Le Verrou, par Noipmancel (Le Campion). Très belle épreuve.

555. Le Verrou. Bonne épreuve *tirée en plusieurs tons.*

556. S'il m'était aussi fidèle, par St Non — Le Verre d'eau, par Ponce — L'Enfant chéri, par Chaponnier — L'Amour ingénieux, par F. Legrand — Scène de tabagie, par Campion — Figure de Femme, par Bonnet. Six pièces.

FRAGONARD et TOUZÉ (d'après)

557. *La Foible resistance ou le Verrou — L'Amant victorieux, suite du Verrou.* Deux pièces de forme ovale, par Le Beau, se faisant pendants. Très belles épreuves, *coloriées.*

FRAGONARD FILS (d'après)

558. Jeune Fille enlevée par l'Amour — L'Amour enseignant à danser à une jeune Fille — Par eux l'Amour l'éclaire — Leçon de musique — La Petite Messagère. Cinq pièces par Copia, Roger, Castel et Monsaldy. Belles épreuves.

559. République Française — Tableaux de la Révolution Française, frontispice — Liberté — Egalité — Raison — Vérité. Six pièces par Copia, Malapeau, Allais et Mariage. Belles épreuves.

FREDOU (J. M.)

560. La Source des Grâces (1). Belle épreuve, la marge coupée au-dessus au titre — Profil de jeune Fille, par François. Deux pièces.

FIESINGER (G.) — HERHAN (E.)

561. La Fayette — Sieyès — Barnave — Thouret — Jessé — Guy le Chapelier — Gouvion St Cyr — Le Courbe — Andreossy — Buonaparte — Bernadotte — Kléber — Desaix. Treize pièces. Belles épreuves.

FRONTISPICES

562. Frontispices du XVIIIe siècle, 17 pl. par ou d'après Choffard, Moreau, Watelet, etc. Belles épreuves.

GAMELIN — GIBELIN (A. E.)

563. Portrait de Louis Gamelin, fils de l'artiste — Sujets divers — Animaux — Les Sources de la Vie et du Bonheur — Le Trait inévitable — La Correction conjugale — L'Accouchement — L'Unisson — La Coalition, etc. Vingt pièces. Belles épreuves.

GAUTIER-DAGOTY

564. Gilbert de Voisins — Ce de Caylus. Deux pièces. Belles épreuves.

GÉRARD (Mlle Marguerite)

565. L'Enfant et le Bouledogue (P. de B. 2). Belle épreuve. On y a joint la copie par Denon, soit deux pièces.

566. Monsieur Fanfan, 2e pl. (4). Belle épreuve.

567. L'Elève intéressante, par Tassaert. Belle épreuve (petite tache).

568. L'Indécision, par H. Gérard. Belle épreuve.

569. Le Triomphe de Minette, par G. Vidal. Belle épreuve, *coloriée*. Encadrée.

GILLOT (Claude)

570. L'Education — Les Obsèques — Feste de Diane — Feste de Faune — L'Agioteur — Arlequin — Le Sabbat, etc. Huit pièces. Belles épreuves.

GOIS (E. P. A.)

571. Gois, par Lse Jacquinot — La Fille de Jephté (P. de B. 2) — Retour de Tobie (3) — Tobie rend la vue à son Père (4) — Le Veau d'or renversé (6) —

L'Avare pensif (11) — Projet de monument devant le Château des Tuileries, 1789, pl. *non décrite*, etc. Douze pièces. Très belles épreuves.

GOYA (F.)

572. La Tauromachie, pl. 2, 13, 21 et 23. Quatre pièces. Belles épreuves.

573. Le Garrot. Belle épreuve, mais rognée.

GRAVELOT (d'apr. H.)

574. L'Architecture — L'Agriculture — Les Mangeurs de figues — Le Jeu de la Crosse — Esope et les Animaux — Fables d'Esope. Dix pièces, la plupart en belles épreuves.

GREUZE (d'apr. J. B.)

575. Le Baiser envoyé, par A. de St Aubin (464). Très rare épreuve du 1er état.

576. La Philosophie endormie (Mme Greuze), par Moreau le jeune et Aliamet. Très belle épreuve.

577. Etude pour la Dame de Charité, par Massard — Bustes de Femmes, par Mme Lingée et Bonnet. Trois pièces.

GUYOT (Laurent)

578. Delille (J.), d'après Fauvel. Belle épreuve, *avant la lettre, imp. en couleurs.*

HENNEQUIN (Ph. Aug.)

579. Le Français régénéré par la Constitution. Belle épreuve.

HOIN (d'apr. Cl.)

580. L'Ecueil de la Sagesse, par De Monchy. Belle épreuve.

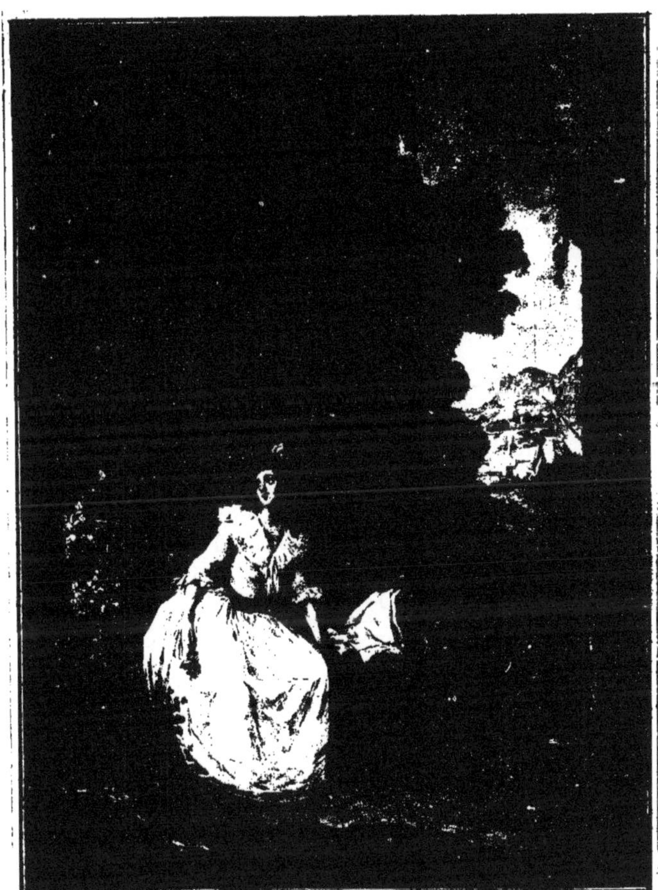

N° 590 du Catalogue.

HUBER (J. J.)

581. Le Vieux Malade de Fernex, en 7bre 1777 — Visite de Mlle Clairon à Fernex — Vue du Levant de Fernex. Trois pièces. Belles épreuves.

HUET (d'apr. J. B.)

582. Euridice mordue d'un serpent, par Bonnet. Belle épreuve, *imp. en couleurs.*

583. Bacchantes et Amours, par Bonnet. Belle épreuve *imp. en couleurs*, sans marges.

584. La Bergère surprise, par Liger. Très belle épreuve *tirée en 3 tons.*

INCROYABLES (Estampes sur les)

585. Les Petites Merveilleuses, par Adelaïde Queverdo. Belle épreuve. Rare.

586. Le Contraste — L'Observatrice au Boulevard, 2 pl. par Auvray, d'apr. Le Clerc — Les Croyables au Péron, par Tresca — La Folie du Jour — C'est incroyable, par Le Campion — Portraits des hommes croyables. Six pièces.

INGOUF (P. C.) — HUOT (F.)

587. Graveurs : De Launay (Nic.) — Flipart (J. J.) — Wille (J. G.). Trois pièces. Très belles épreuves.

JANINET (J. F.)

588. Joseph et Zaluca — Tarquin et Lucrèce. Deux pièces d'apr. Ch. Eisen, se faisant pendants. Très belles épreuves, *imprimées en couleurs.*

589. La Toilette de Vénus, d'apr. F. Boucher. Très belle épreuve *avant la suppression d'un amour*, *imp. en couleurs*, petite marge (cassure et épidermure). Encadrée.

590. Nina (Mme Dugazon), d'après C. Hoin. Superbe épreuve *imprimée en couleurs* (légères piqûres).

591. Colonnade et Jardins du Palais de Médicis, d'apr. H. Robert. Belle épreuve *imp. en couleurs*. Encadrée.

591 *bis*. Les trois Grâces, d'apr. Pellegrini, épr. tirée en tons pâles.

JANINET — CHAPUY — PHELIPPEAUX

592. Mlle Duménil, dans le rôle d'Athalie — Mlle Contat, rôle de Rosalie — Mme Vestris, dans Polyeucte — Mlle Maillard, dans Tarare — Mr Rousseau, rôle d'Hippolyte — Mlle St Huberti — Brisard — Mme Bellecourt. Huit pièces. Belles épreuves, *imp. en couleurs*.

JOURDAIN

593. La Journée des Chevaliers du Poignard (28 fév. 1791). Belle épreuve, *avant toute lettre*.

KAUFFMAN (d'apr. Angelica)

594. *Cupid binding Aglaiato a Laurel*, par Ruotte. Très belle épreuve *tirée en sanguine*.

595. *The Grouwning desire — The Desire satisfied*. Deux pièces par La Rue de l'Epinay et Roze Lenoir, se faisant pendants. Très belles épreuves, *imp. en couleurs* et *rehaussées*.

596. Pénélope pleurant sur l'arc d'Ulysse, par J. M. Delattre. Belle épreuve, *avant la lettre, tirée en sanguine* — Figures de Femmes — Vénus. Quatre pièces.

LAJOUE (J. de)

597. La Botanique — La Pharmacie, 2 pl. par Cochin.

LANCRET (d'apr. N.)

598. Le Maître galant, par Le Bas (48). Belle épreuve.

LAVREINCE (d'après N.)

599. L'accident imprévu — La Sentinelle en défaut (1 et 58).
Deux pièces par Darcis, se faisant pendant. Belles épreuves, *tirées en ton bistré* (la seconde manque un peu de conservation).

600. La Balançoire mystérieuse, par Vidal (9). Belle épreuve.

601. Le Billet doux — Qu'en dit l'Abbé (10 et 51). Deux pièces par N. De Launay, se faisant pendants. Belles épreuves (petites épidermures et légère restauration).

602. Les Cerises, par Lévilly, petite pl. de forme ronde. Très belle épreuve, *imp. en couleurs.*

603. La Leçon interrompue, par G. Vidal (35). Très belle épreuve.

604. Le Lever des ouvrières en modes. Epreuve remmargée.

LE BARBIER l'Aîné (d'apr.)

605. Vue des Ruines du Campo Vacino à Rome, par Mme Allais. Très belle épreuve, *imp. en couleurs.*

606. *Primi delicti... — Concurrunt trigemini magnorum...* Deux pièces par Janinet et Léveillé, se faisant pendants. Belles épreuves, *imp. en couleurs.*

LE BEAU (P. A.)

607. La Partie d'œuf frais. Très belle épreuve.

608. La Réalité du Plaisir. Très belle épreuve, *coloriée.*

LE CLERC (d'ap.)

609. Le Sommeil, par Roubillac. Belle épreuve, *tirée en sanguine.*

LE CLERC et DESRAIS (d'après)

610. Le Jeu de l'Escarpolette — La Chute favorable — Le Fossé du Scrupule — Les Baigneuses. Suite de 4 pl. par Deny. Epreuves doublées.

LE CŒUR (L.)

611. Serment fédératif du 14 Juillet 1790, d'apr. Swebach-Desfontaines. Très belle épreuve.

LE GRAND (Augustin)

612. Le Bât — Le Rossignol, contes de La Fontaine. Deux pièces. Belles épreuves.

LE MOYNE (d'après J. B.)

613. Iris au bain — Adam et Eve — Persée et Andromède — Hercule et Omphale — Le Temps et la Vérité. Cinq pièces par L. Cars. Belles épreuves.

LE PEINTRE (d'après)

614. Mayeur (F. M.), par Ridé. Belle épreuve *imp. en couleurs* (petite cassure).

LE PRINCE (J. B.)

615. La Musicienne — La Jardinière. Deux pièces se faisant pendants. Très belles épreuves *tirées en bistre.*

616. Les Sens, 4 pl. (sur 5) — Titre — Baigneuses. Sept pl. par Le Prince, St Non et Robert. Belles épreuves (cinq *tirées en bistre*).

LEVACHEZ

617. *Barthélemy, président du Sénat conservateur, présente au Premier Consul l'acte constitutif...*, d'apr. Devoge. Superbe épreuve *imprimée en couleurs.*

LÉVILLY (J. P.)

618. Sujets gracieux, d'apr. Boilly, Lavreince et? Trois petites pl. de forme ronde pour dessus de tabatières. Très belles et rares épreuves *avant toute lettre, impr. en couleurs.*

LIOTARD (d'apr. J. E.)

619. *The Right Hon*[ble] *Maria Countess of Coventry*, par R. Houston. Très belle épreuve.

LOUIS XVI et MARIE-ANTOINETTE (Est. relatives à)

620. Marie-Antoinette. Cinq pièces par Le Beau, Canu, J. F. Rousseau, Desnos. Belles épreuves.

621. La France remerciant Marie Thérèse de lui avoir donné sa Fille pour Reine, par L[se] Massard, d'apr. Latainville, *av*[t] *l. l.* — Les Gérants de la Félicité publique, par Née et Masquelier. Deux pièces.

622. Le Dauphin (Louis XVII). (Cette estampe représente le signe de ralliement des Chevaliers du Poignard...) — A la Gloire de Louis XVI, par Campion — Offrande de la Patrie à Louis XVI, etc. Cinq pièces. Belles épreuves.

MALLET (d'apr. J. B.)

622 *bis.* — L'Amour au Couvent, par Vidal? Belle épreuve, *imp. en couleurs.*

623. Julie ou le Premier Baiser de l'Amour, par Copia. Belle épreuve.

624. *Mais au premier son du tambour...* par J. B. Guyard. Belle épreuve (mouillures).

625. Le petit redresseur de quilles, par Alix. Belle épreuve, *imp. en couleurs* — La Récréation champêtre, par Prudhon fils. Deux pièces.

626. Retour de l'Isle d'Amour, par St Val. Très belle épreuve, *impr. en couleurs.*

627. Qui veut voir ma marmotte en vie — Le petit grand Sultan — Serment d'aimer est écrit sur le sable. Trois petites pl. de forme ronde, par Benoist. Belles épreuves.

MARTINI (P. A.)

628. Exposition au Salon du Louvre en 1787, épr. avec la mention : *Vue et approuvée le 25 Sepbre 1787 Robin.*

MASSOL, TASSAERT, BASSET

629. La Philosophie au tombeau de Chalier — J. Chalier, d'apr. Caresme — La République aux Mânes de Chalier et Barra. Trois pièces. Belles épreuves *une imp. en couleurs.*

MAUCLER

630. *Voulez-vous donc n'être point Joli comme cela — Un pâ... âté?* Deux pl. de forme ronde pour la *Folle Journée.* Belles épreuves, tirées en bistre.

MOITTE (Alexandre)

631. L'Etude de la Nature, 1788. Très belle épreuve *tirée en bistre.*

MOITTE (d'après)

632. Allégories et Motifs décoratifs, 10 pl., la plupart en forme de frise. Belles épreuves.

MONNET (d'après Ch.)

633. Les Baigneuses surprises — Salmacis et Hermaphrodite. Deux pièces par G. Vidal, se faisant pendants. Superbes épreuves *avant toute lettre.*

634. Renaud et Armide, par G. Vidal. Très belle épreuve *avant toute lettre* et *avant la draperie* (petite épidermure dans l'encadrement).

635. Le Roi d'Ethiopie abusant de son pouvoir, par G. Vidal. Très belle épreuve.

636. Vénus et Adonis, par G. Vidal. Superbe épreuve *avant toute lettre* et *avant la draperie.*

637. Journée du 21 Janvier 1793, par Helman, épr. *à l'état d'eau-forte, coloriée et gouachée.*

MONNET, LE BARBIER, BOIZOT, BEAUVAIS (d'apr.)

638. François votre Roi jure de vous rendre heureux — Monument d'allégresse (Naissance du Dauphin) — La France reçoit des mains de l'Autriche, un Dauphin — Allégorie sur l'Alliance du Dauphin avec Marie-Antoinette. Quatre pièces par Née, Godefroy, Boizot et Auvray. Très belles épreuves.

MONSALDY et DEVISME

639. Vue des Ouvrages de Peinture exposés au Museum Central des Arts en l'An VIII de la R. F. Belle épreuve (mouillures).

MOREAU-LE-JEUNE (J. M.)

640. Le Festin Royal. Belle épreuve (restauration).

641. Pineau (D.), d'ap. Mérelle fils — G. P. I. Martin Dupont, d'ap. Kucharski. Deux pièces. Très belles épreuves.

642. Au Roi — A la Reine. Deux pièces par N. Le Mire, se faisant pendants. Belles épreuves.

643. Couronnement de Voltaire sur le Théâtre-Français, le 30 mars 1778, par Gaucher (261 A). Très belle épreuve du 1er état, *à l'eau-forte pure.* On y a joint un exemplaire du dernier état, soit deux pièces.

644. David et Bethzabée, d'ap. Rembrandt (224), 1er état — Le Gâteau des Rois, par Le Mire — A un peuple libre, par Dambrun — Tombeau de J. J. Rousseau. Quatre pièces.

NATOIRE (C.) — CHALLE — OUDRY (J. B.)

645. Adoration des Mages (R. D. 1) — Baigneuses, 2 pl. — Chasses — Sacrifice aux Grâces, par Parizeau. Six pièces.

PAPILLON (J. B.)

646. Scènes de guerre — Vignettes d'almanachs — Cartes à jouer — Billet mortuaire — Vignettes diverses — J. B. M. Papillon, par Caron, etc., 60 pièces. Belles épreuves.

PAROY (le Comte de)

647. Bacchanale, d'après Poussin. Belle épreuve, *imp. en couleurs* (marges frottées) — Les Statues antiques. Deux pièces.

PATER (J. B.) — PARROCEL (J.) — PIERRE

648. L'Age d'or, par Lalive de Jully — Le Bivouac (R. D. 36) — Léda, par Mme le Doulceur.

PERNET (d'ap. P.)

649. Double vue de la Bastille, 2 motifs de forme ronde, par Roger, sur le même cuivre. Superbe épreuve, *imp. en couleurs*.

PERROT (L.)

650. Sujet gracieux, 1791, petite pl. de forme ronde. Très belle épreuve *avant la lettre, imp. en couleurs*.

PERROT — NIQUET — MONNET

651. Scène de roman, petite pl. de forme ronde. Très belle épreuve, *avant la lettre* — Le Jeu de Domino — Mlle Renaud l'aînée, par Beljambe, *av^t l. l.* Trois pièces.

PIERRE (J. B. M.)

652. Frère Luce (P. de B. 32) — Le Faucon (34). Deux pièces d'ap. Subleyras. Belles épreuves, la seconde avec retouches à la plume.

653. *Mascarade Chinoise faite à Rome le Carnaval de... MDCCXXXV* par M^rs les Pensionnaires du Roy de France... Belle épreuve.

POMPADOUR (M^ise de)

654. Frontispice des Pierres Gravées — Alliance de la France et de l'Autriche — Bacchanale — Frontispice.

REGNAULT (N. F.)

655. *Dors, Dors... — Ah! s'il s'éveillait!* Deux pièces se faisant pendants. Bonnes épreuves.

RÉVOLUTION et EMPIRE

656. Hommage à la Liberté (chez J. Chéreau). Très belle épreuve. Rare.

656 *bis*. Prise de la Bastille, par Thévenin. Belle épreuve, *avant la lettre* — Prise de la Bastille (chez Basset). Deux pièces.

657. Barras, petit pl. de forme ronde. Belle épreuve. Très rare.

658. Barra (Joseph), par Girard. Petite pl. de forme ronde. Très belle épreuve, *imp. en couleurs*.

659. Mariage Républicain, par Le Grand — Institution Républicaine. Deux pièces. Très belles épreuves.

660. Le Triomphe de la République, par Alix, d'ap. Boissier. Belle épreuve, *imp. en couleurs*.

661. CARTES : Unité et indivisibilité de la République — Société populaire du Contrat social — Société populaire électorale séant au cy-devant évêché. Trois pièces rares. Belles épreuves.

662. Le Dégraisseur Patriote — Le Déménagement du Clergé — Discours au peuple — On m'attend aux Feuillants — La Chute du Ministre Linotte — Régénération du capucin Chabot — Dédié à la Noblesse savonnée. Sept pièces. Belles épreuves, *coloriées* ou *tirées en bistre.*

663. Offrande à la Patrie (chez Girard), petite pl. de forme ronde. Très belle épreuve *imp. en couleurs.*

664. Le Triomphe de la vertu Républicaine — La Probité — La Fraternité — La Bienfaisance — Humanité, etc., 14 pl. par Darcis, Mallet. Belles épreuves.

665. Bravoure des Femmes parisiennes à la Journée du 5 oct. 1789, par Caresme — Le Plat à barbe Lillois, 1792 (par Verly, d'ap. L. Watteau). Deux pièces. Très belles épreuves.

666. La Loi — La Justice — La Nature, *av^t l. l.* — La Raison — La Probité. Six pièces. Belles épreuves.

667. La Liberté Patrone des Français — La France Républicaine — La Fraternité — La Force — La Liberté — Le Geova des Français — La République — La France libre. Neuf pièces par Darcis, Massol, Provost, Villeneuve (deux *imp. en couleurs*).

668. Musique Républicaine — A l'Egalité et la Liberté — Le Geova des Français, av^t l. l. — O Liberté ! — Liberté, Egalité, par C. Guérin — Le Cauchemar de l'Aristocratie, par Copia — Refrains patriotiques — La Vérité toujours triomphe avec le temps. Huit pièces. Belles épreuves (une *imp. en couleurs*.

669. Siège de la Bastille, par Girardet — Pacte Fédératif des Français le 14 juillet 1790, par le même — Hommage à la valeur Parisienne, par Picquenot — Le Patriotisme armé, 14 juillet 1790 — Le XIV Juillet MVCCLXXXX, par Giraud le jeune — Prise de la Bastille, par Janinet. Six pièces. Belles épreuves.

670. *Mon Gentil homme...* — *A bas les impiots* — *Danse aristocrate* — *Il faut en goûter* — Le Concert — *Chasse patriotique à la grosse bête* — Le 13 avril 1790... — Le Déménagement du Clergé — Erostrate moderne — *Il prit, quitta...* — L'Assemblée des Aristocrates — La 1re Réquisition des deux Genres — Une Femme de condition — Les Formes acerbes, etc. Seize pièces. Belles épreuves, la plupart *coloriées*.

671. Allégories ou charges sur les Trois-Ordres, 8 pl. Belles épreuves (3 *coloriées*).

672. Manequin du Pape brûlé au Palais Royal, 1791, par Berthault — Pompe funèbre en l'honneur des Martyrs de la Journée du 10 août, par Helman, épr. *coloriée* — Soirée du 30 Juin 1789 — Exécution du Mis de Favras — Don patriotique des Illustres Françoises — L'Héroïsme Français, par Gautier aîné. Six pièces. Belles épreuves.

673. Calendrier pour l'an IIe de la République — Calendrier pour l'an IIIe. Deux pièces (sur 4) publiées par Basset. Belles épreuves, *tirées en sanguine*.

674. La Convention soutenue par le Peuple, par L. J. Allais — L'Amour Sans Culotte — Aux Vainqueurs d'Albion — Le Génie de la Nation Françoise, par Darcis — Ah l'bon décret — Maudite révolution — Hommages à l'Eternel — Epoque du 30 Floréal l'an 5 — Acte constitutionnel du Peuple Français — Allégorie sur la Paix, par L. Julien. Onze pièces. Belles épreuves.

675. Déclaration des Droits de l'Homme et du Citoyen, 2 pl. par De Machy et Mariage (une *imp. en couleurs*) — Droits de l'Homme et du Citoyen, par Pillot et anonymes. Quatre pièces. Belles épreuves.

676. Serment du Jeu de Paume, 2 pl. par Vachez et (Houest ?) — Fête de la Liberté en l'honneur des Soldats de Châteauvieux, 1792, à l'état d'eau

forte — Journée du 31 Mai, par Dorgez, épr. *à l'eau forte pure* — Les Premiers martys de la Liberté Française à Montauban, 1790, par Simonet. Cinq pièces. Belles épreuves.

677. Corday (Charlotte), par Mariage, d'ap. Lélu — Ch. Corday écrivant sa dernière lettre. Deux pièces.

678. Le Peletier de St Fargeau... assassiné le 20 Janv. 1793 — Le Pelletier de St Fargeau (chez Chereau) — Il a voté l'abolition de la Royauté, par Villeneuve. Quatre pièces. Belles épreuves.

679. Barras, par Benoist — Goujon — Babeuf — Quatremère, par Bonneville — Kersaint, par Victoire Bougy — Charton (L.), par P. Violet — Carnot, par Compagnie — Barra — Viala, par Vérité — Mirabeau, pl. allégorique. Dix pièces. Belles épreuves.

680. Le Pelletier de St Fargeau — Marat — Pétion — Chalier, etc., 14 pl. Belles épreuves.

681. Portraits et caricatures relatifs à Cambacérès, 16 pl. et 1 dessin par Chataigner, Payen, Lussault, Gaillard, etc. Belles épreuves (5 *coloriées*).

682. Elévation perspective de la Colonne de la Liberté... élevée à Montpellier, très-rare — Projets de monuments, par Houel, etc. Ensemble quatre pièces.

683. *En Mémoire des secours donnés aux Malheureux* par les F.·.F.·. Maçons en 5789, par le F.·. Louvion — Généreux dévouement des Gardes Nationales, par Louvion, *né citoyen* — A Versailles... — Liberté... républicaine — Le Tems écarte les nuages de l'Ignorance, par Canu — *Convoi de très haut... Seigneur des Abus*, etc. Douze pièces. Belles épreuves.

REYNOLDS (d'apr. Sir J.)

684. *Infant Jupiter*, par J. R. Smith, 1775. Belle épreuve.

684 *bis*. Maria, Countess of Waldegrave, par Brookshaw, in-8° — Miss Fordyce, par Corbutt (légèrement rognée). Deux pièces.

RIGAUD (J.)

685. La Fronde — Les trois Sauts — La Course — La Bastide — La Boule — La Joûte. Suite de 6 pl. Très belles épreuves.

RIVALZ (Ant.) — LOYS (E.)

686. Rivalz (A.), par B. Rivalz — La Faille (G.) — Compositions mythologiques — Vignettes pour le *Traité de la Peinture*, de P. Dupuy — La Pompe funèbre de Crispin. Dix pièces. Belles épreuves.

ROBERT (d'apr. Hubert)

687. L'Hermite du Colisée, par Morret. Très belle épreuve, *imp. en couleurs*

ROUSSEAU (Estampes relatives à J. J.)

688. Tombeau de J. J. Rousseau, par G. Paris et par Villeneuve — Aux manes de J. J. Rousseau, par Vidal, d'apr. Monnet — Rousseau, par Basset, Queverdo et Delvaux — Le Triomphe de la Raison et de la Vérité — Translation au Panthéon, par Girardet, eau-f. p. — La Vertu lui rend hommage. Neuf pièces. Belles épreuves (2 *imp. en couleurs*).

ROWLANDSON (Thomas)

689. *A Cully Pillag'd*, 1784. Belle épreuve, *coloriée*.

690. *Transplanting of teeth*, 1787. Belle épreuve.

SAINT-AUBIN (Aug. de)

691. A[drienne] S[ophie] Marquise de *** (E. B. 173). Belle épreuve *avant l'adresse* (petite restauration).

692. La Famille de l'Editeur A. Renouard (235). Belle épreuve.

693. Marie-Antoinette relevant la France agenouillée à ses pieds (336). Très rare épreuve du 1er état à *l'eau-forte pure* (pli).

694. La Promenade des Remparts de Paris, par P. F. Courtois (382). Belle épreuve.

695. La Sortie de Collège (401). Deux superbes et fort rares épreuves d'états *non décrits, antérieurs au 1er de Bocher* — Mes Gens, pl. 3 — Jupiter et Léda (563). Quatre pièces.

696. L'Hommage réciproque, par Gautier (411). Très belle épreuve, *imp. en couleurs* (petite déchirure).

697. L'Heureux Ménage, par Sergent et Gautier (412) Belle épreuve, *avant la lettre*, *imp. en coulenrs* (piqûres).

698. L'Heureure Mère — La Tendresse Maternelle (412 et 415). Deux pièces par Sergent, Gautier, Phélipaux et Morret, se faisant pendants. Belles épreuves *imp. en couleurs* (piqûres).

699. Cochin fils (C. N.) — Heinecken (Bon de) — Voltaire — Pellerin (J.) — Le Blanc (abbé) — Lully (J. B.) — Brosses (Ch. de) — Jombert (C. A.) — Voltaire — Moreau le jeune. Dix pièces. Belles épreuves, une *avant la lettre*.

SAINT-AUBIN (Gabriel de)

700. Vignettes pour un ouvrage sur l'Amérique (P. de B. 38-39), 2 sujets sur le même cuivre. Très belle épreuve.

SAINT-NON — SUBLEYRAS (Pierre)

701. Bacchantes, d'apr. Boucher — Site d'Italie, d'apr. H. Robert — Le Serpent d'airain (R. D. 2 — 1er et 2e états) — La Madeleine aux pieds de Jésus (3), *avec* la date — L'Annonciation, par Disbecq. Six pièces. Belles épreuves.

SANTERRE (d'apr. J. B.)

702. Susanne au Bain, par Porporati (Petite cassure).

SARRAZIN (d'apr.)

703. Les Baigneuses, par Jubier. Très belle épreuve, *tirée en 3 tons.*

SCHALL (d'après F.)

704. La Saison des Amours, par A. Le Grand. Belle épreuve, *imp. en couleurs.*

SERGENT-MARCEAU (A. F.)

705. Le Prince de Lambesc aux Tuileries. Très belle épreuve *avant la lettre imp. en couleurs.*

706. Le Peuple (de Paris) parcourant les rues aux flambeaux. Très belle épreuve *avant la lettre, imp. en couleurs.*

707. Les Gardes Françaises repoussant le Royal Allemand — Le Duc du Chatelet sauvé par les Gardes Françaises. Deux pièces. Très belles épreuves, *imp. en couleurs.*

708. *Projet d'un monument élevé à l'honneur de Louis XVI.* Très belle épreuve.

708 *bis. Honneurs rendus au brave Marceau après sa mort par le Prince Charles...* Très belle épreuve *tirée en bistre.* Rare.

709. Canova (Ant.), d'apr. Appiani, 1818 — Necker, d'apr. Duplessis. Deux pièces, *imp. en couleurs,* la 1re très belle.

710. Jeanne d'Arc ordonne aux Anglais de sortir de France — Continence de Bayard — Réception de Charles VII, à Reims — Réduction de Paris — Institution de l'Ordre de la Cordelière, etc. Dix-neuf pièces par Sergent, Morret et Roger. Belles épreuves, *imp. en couleurs.*

SERGENT — ROGER — LE CAMPION

711. Pavillon Chinois, B[d] Montmartre — Hôtel de Créquy — Pavillon de Lucienne, près de Marli — Vue de la Bastille, prise du côté du Jardin — Vue de la Place d'Henry Quatre sur l'eau. Cinq pièces de forme ronde ou ovale. Belles épreuves, *imp. en couleurs.*

SICARDI (d'apr.)

712. *Come la Trovate*, par Copia. Très belle épreuve, *avant la lettre.*

713. *Oh! che gusto!* par Terrier, 1793 — *Oh che boccone* par Reudrd, 1791 — Mirate che bel visino — Sa Melodie charme les cœurs, par Mecou. Quatre pièces. Belles épreuves.

SIMON (J. P.)

714. C'est un petit Volontaire, petite pl. de forme ronde. Très belle épreuve.

SMITH (d'apr. J. R.)

715. Ce qui vous plaira — Une Veuve. Deux pièces par Lévilly, se faisant pendants.

TARDIEU (P. Alex.)

716. Paul Barras, d'apr. H. Le Dru. Belle épreuve *avant* le mot : Directeur.

TASSAERT (J. J. F.)

717. Corday (Charlotte), d'apr. Hauer. Belle épreuve, *à la tablette blanche, imp. en couleurs* (taches de mouches).

TAUNAY (d'après N. A.)

718. Noce de Village — Foire de Village. Deux pièces gravées en réduction, par Descourtis. Très belles épreuves.

718 *bis.* Les mêmes estampes en même état.

TIEPOLO (les) — CANALETTO (A.)

719. Sujets religieux et de fantaisie — Paysage. Douze pièces. Belles épreuves.

TOURCATY (J. F.)

720. Marat, d'apr. Simon Petit. Très belle épreuve.

VANLOO (d'apr. C.)

721. La Confidence — La Sultane. Deux pièces par J. F. Beauvarlet, se faisant pendants. Très belles épreuves. Encadrées.

VESTIER — VIDAL

722. Latude — Beaumenil (Mlle), d'apr. A. Pujos. Deux pièces. Belles épreuves (épidermures).

VIGÉE-LEBRUN (d'après Mme)

723. Mme Vigée-Lebrun et sa Fille, par le Cte de Paroy. Belle épreuve sans aucune lettre.

VIGNETTES

724. Portrait et vignettes pour Destouches, 10 pl., d'apr. Fragonard fils, à l'état d'eaux-fortes.

725. Vignettes pour les *Liaisons dangereuses*, 16 pl. d'apr. Mlle Gérard, C. Monnet et Fragonard fils, une à *l'état d'eau-forte*.

726. Vignettes du XVIIIe siècle, 150 pl. de Marillier, Moreau, Eisen, etc., plusieurs *avant la lettre*, ou à *l'état d'eau-forte*. CE N° SERA DIVISÉ.

VILLENEUVE

727. *Vue des six différentes stations de la Fête de l'unité et de l'indivisibilité de la République.* Très belle épreuve. Rare.

728. Nouveau gouvernement Français — Bonaparte, Cambacérès et Lebrun, 1801. Belle épreuve *imp. en couleurs.* — Bouclier François : Joubert. Deux pièces.

VLEUGHELS (d'apr. N.)

729. Le Bast — La Jument du Compère Pierre. Deux pièces par N. de Larmessin, se faisant pendants. Belles épreuves.

VUES

730. Vues du Bas et du Haut Rhin, 70 pl. par Fragonard, Villeneuve, Bichebois, etc. Belles épreuves.

731. Vues de France, 65 pièces, par divers artistes.

WALTON (d'après H.)

732. *The Silver Age*, par J. R. Smith, 1778. Belle épreuve.

WARD (d'après)

733. Louisa, par Boillet. Superbe épreuve *tirée en bistre.*

WATTEAU (Ant.)

734. Watteau (Ant.), par Lépicié, d'apr. lui-même — Le Promeneur de Profil (E. de G. 4). — Figure et et allégories, par Caylus et V. Cinq pièces. Belles épreuves.

735. La Troupe Italienne (E. de G. 1). Belle épreuve, *avec* l'adresse de Sirois.

736. L'Amour désarmé, par B. Audran (33). Superbe épreuve.

737. Fêtes au dieu Pan, par M. Aubert (40). Belle épreuve, filet de marges.

737 *bis* L'Alliance de la Musique et de la Comédie, par Moyreau (63) — La Coquette, par Boucher (334). Deux pièces. Belles épreuves.

738. Comédiens François, par J. M. Liotard (64). Très belle épreuve (très légère restauration).

739. La Danse Paysane, par B. Audran (125). Très belle épreuve.

740. *Livre de différents caractères de Têtes... gravez... par Fillæul*, titre et pl. 2 à 4, 7, 9, 12, 14 à 16 et 24, soit 11 pièces. Belles épreuves.

WATTEAU FILS (d'après)

741. Le peintre Lantara dans son intérieur, par Guyot. Belle et très-rare épreuve à *l'état d'eau-forte*.

WATTEAU, DE LILLE (L. J.)

742. Sujets Militaires, titre et 4 pl. — Scène champêtre. Six pièces. Belles épreuves.

WICAR (J. B.)

743. Aux Défenseurs de la Patrie (Redoute de Montenesino, 21 Germinal an 4). Très belle épreuve. Rare.

WILLE FILS (d'apr. P. A.)

744. Le Dentiste embulant (sic), par Berthault. Belle épreuve, *imp. en couleurs*.

745. 3e *Cayer de petites Modes*, 6 pl. par L. Courteille. Belles épreuves, *tirées en sanguine*.

XIXe SIÈCLE

BALAN (E.)

746. *Six vues d'Amiens lithographiées d'après nature...* Amiens, *Hachect*, s. d. Belles épreuves dans la couv. de publ. (mouillures).

BERVIC (Ch. Cl.)

747. L'Innocence, d'apr. Mérimée. Très belle épreuve.

BOISSIEU (J. J.)

748. Pie VII bénissant les Enfants — Vue de la Porte d'Ainay, à Lyon — Pont Lucano — Paysages. Six pièces. Belles épreuves.

BONINGTON (R. P.)

749. Restes et fragmens d'Architecture, couverture (rare) titre et suite complète de 9 pl. (16-25). Belles épreuves.

750. Vue générale de l'Église de l'Abbaye de Tournus — Façade de l'Eglise de Brou — Croix du Moulin-les-Planches. Trois pièces sur chine.

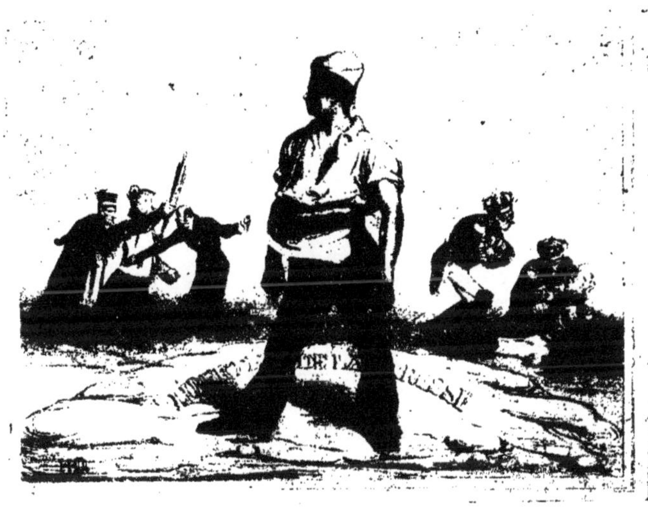

(N° 708 du Catalogue.)

BOSIO (d'après D.)

751. Le Coucher des Ouvrières en Linge — Le Lever des Ouvrières en Linge. Deux pièces se faisant pendants. Belles épreuves. *coloriées.*

752. Le Cache-cache, par N. Schenker. Très belle épreuve *imp en couleurs*, avec rehauts.

BRACQUEMOND (Felix)

753. Daubigny (C. F.) (26). Superbe épreuve. Rare.

754. Meryon (Ch.) (78). Superbe épreuve *avec* les vers, sur papier ancien.

755. Comte (Auguste) (22). Très belle épreuve sur chine.

756. *8 Sujets tirés des Fables de La Fontaine*, titre et 8 pl. (99-108). Très belles épreuves sur chine.

757. Margot la Critique (113). Très belle épreuve du 2e état (sur 3).

758. Le Corbeau (115). Très belle épreuve du 3e état (sur 5).

759. Ils s'en allaient dodelinant... (125). Superbe et fort rare épreuve *avant toute lettre*, sur papier ancien.

760. Les Taupes (134). Très belle épreuve, *avec* l'adresse de Pierron.

761. Le Panier de légumes (143). Superbe épreuve. De toute rareté. Deux épreuves connues.

762. Le Buveur, d'apr. A. Lafond (241) — Gorge dans les Rochers, d'apr. J. Laurens (246). Deux pièces. Très belles épreuves.

CHARLET (N. T.)

763. La Mort du Cuirrassier — L'Aumône — J'aime la couleur — L'Allocution, etc. Huit pièces. Très belles épreuves.

CHASSÉRIAU (Th.)

764. Vénus Anadyomène, 1839. Très belle épreuve du 1er tirage, *avec* l'encadrement.

765. Arabe montant en selle — La Mère et l'Enfant — Femmes mauresques — Apollon et Daphné — Othello, pl. 6. Cinq pièces. Très belles épreuves.

CHAUDET, LAFITTE, etc. (d'après Mme)

766. Le Matin, par Godefroy — Diane, par Chaponnier Le Délire d'Amour, par Desnoyers, d'apr. Henry — Chit... chit — Fi donc! Cinq pièces.

DAUBIGNY (C. F.)

767. Lever de lune dans la vallée d'Andilly (47). Très belle et rare épreuve du 1er état.

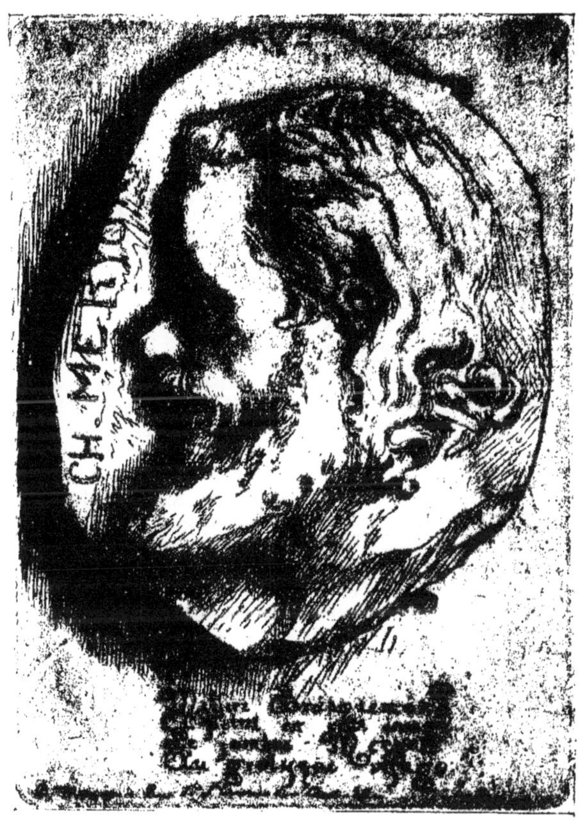

N° 754 du Catalogue.

DAUMIER (Honoré)

768. Ne vous y frottez pas !! (308). Très belle épreuve sur chine.

DAUZATS (Adrien)

769. Portrait de l'Artiste — Vues diverses, 34 pl. Belles épreuves.

DELACROIX (Eug.)

770. Lion dévorant un cheval (L. Delteil 126). Très belle épreuve du 4e état (sur 5).

DENON (D. V.)

771. L'Abbé Zani découvrant la gravure de Finiguerra du Cabinet National des Estampes de Paris. Belle épreuve *tirée en trois tons*.

771 *bis*. Mme Mosion. Très belle épreuve.

772. Portraits et sujets divers. Onze pièces gravées à l'eau-forte. Très belles épreuves.

773. Portraits divers. Douze lithographies. Très belles épreuves.

774. Le Lever du Philosophe de Ferney — Le Déjeuné de Ferney. Deux pièces par Née et Masquelier, se faisant pendants. Très belles épreuves.

DEVÉRIA (Achille) — GIGOUX (J.)

775. L'Entorse — Hernani — Portrait — Léon Noel Marie Taglioni — Soirée de Carnaval — Th. Jouffroy. Sept pièces. Belles épreuves.

DEVÉRIA, MAURIN, TASSAERT

776. Sujets galants. Neuf pièces. Belles épreuves.

DROLLING (d'apr. M.)

777. La Marchande d'oranges — La Marchande de mouchoirs. Deux pièces par Paul Legrand, se faisant pendants. Très belles épreuves, *tirées en 2 tons* et *coloriées*.

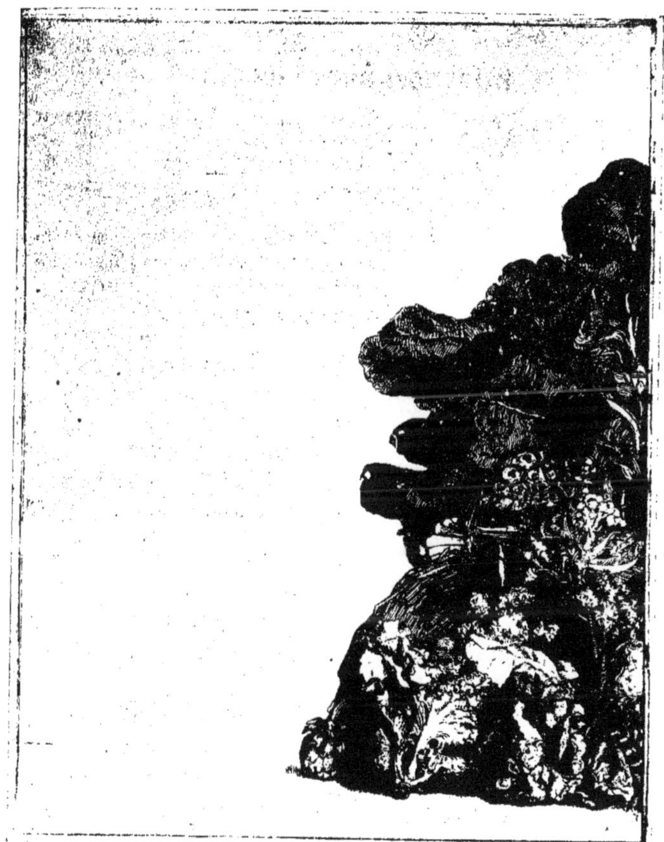

N° 761 du Catalogue.

DUPLESSI-BERTAUX (J.)

778. Scènes de la Révolution — Portraits — Sujets de genre, métiers, etc., 48 pl., plusieurs à l'état d'eau-forte.

DUPLESSI-BERTAUX (J.)?

779. La Parade, pl. de forme ronde. Belle épreuve à *l'état d'eau-forte.*

ENFANTIN (A.) — FRANÇAIS (F. L.) — HERSENT

780. *Cinq Croquis de Paysage d'après nature*, Paris, Me Hulin, s. d., 5 pl. sous couverture — Paysages divers, 9 pl. — Portraits, contes de La Fontaine. Ensemble 23 pièces. Belles épreuves.

ENGELMANN (G.)

781. *Recueil d'Essais Lithographiques dans les différents genres de dessin... exécutés* (par Girodet, H. Vernet, etc.) *par le Procédé de G. Engelmann, Directeur de la Société Lithographique de Mulhouse* — Paris, Engelmann, s. d. (1816). Titre et 8 pl.

GAVARNI

782. Gavarni par lui-même — Quatre-vingt-dix ans (Gavarni père) — Petites Figures, 8 pl., soit dix pièces. Belles épreuves.

783. Tête-à-tête — Amours, pl. 6 et 7 — Fashionables, pl. 1, 5 et 12 — Scènes de la Vie intime (le Guet-apens) — La Croix de Jésus. Huit pièces. Belles épreuves.

784. Les Lorettes, les Débardeurs, etc. Quatorze pièces. Très belles et très rares épreuves *avant la lettre.*

785. L'Eloquence de la Chair, les Débardeurs, les Muses, etc., 48 pl. Belles épreuves.

786. Les Lorettes, Les Martyrs, Satan, Travestissements, etc., 13 pl. Belles épreuves (2 *bons à tirer*).

787. Sujets divers extraits de : *l'Artiste*, 16 pl. — *Journal des Gens du Monde*, 4 pl. — *Le Carrousel*, 6 pl. — *Journal de France*, 3 pl., soit 29 pièces. Belles épreuves.

788. Recueil factice de 30 pl. (y compris 3 pl. par Daumier et Geniole) *coloriées* en 1 alb. in-4°.

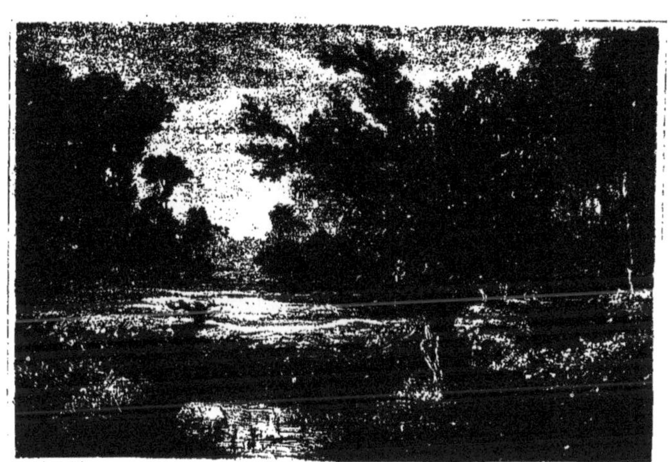

N° 767 du Catalogue.

GÉRICAULT (J. L. Th.)

789. *Shipwreck of The Meduse* — Chevaux. Neuf pièces. Belles épreuves.

GIRODET (J. L. Th.) — MONGEZ (Mme)

790. Portrait (P. de B. 1). Seule eau-forte gravée par ce maître — Pie VII, d'après David. Deux pièces. Très belles épreuves.

HUET (Paul)

791. La Maison du Garde (Loys Delteil 9) — Les deux Chaumières (10). Deux pièces. Belles épreuves du 1er tirage, sur chine.

792. Paysages, par Paul Huet, 1829 (42-53). Suite complète. Belles épreuves sur chine.

793. Huit sujets de Paysage (54-63). Suite complète sur chine (petites piqûres).

794. Six Marines (64-69), titre (rare) et suite complète de 6 pl. Très belles épreuves du 1er tirage.

INGRES (J. D. A.)

795. Les quatre Magistrats de Besançon (Loys Delteil 8). Très belle épreuve.

796. Odalisque (9). Très belle épreuve (quelques piqûres).

797. Bartolini, par Potrelle — Dupaty, par De Juinne — Anonyme, par Atala Varcollier, 1825 — Odalisque, par Sudre. Quatre pièces. Belles épreuves.

ISABEY (Chez)

798. Le Cœur de la Nation (Naissance du Dauphin, 1781). Très belle épreuve.

ISABEY (J. B.)

799. M. Villeau (G. H. 71) — Montmorency (M. de) (74) Parny (E.) (75) — Mlle Ledieu? (86) — Sophie Gail — Mme H. Vernet? — Caricatures — Agasse, par Singry. Douze pièces. Belles épreuves.

800. Sujets divers et Vues, 18 pièces.

801. Le Départ — Le Retour. Deux pièces par Darcis, se faisant pendants. Belles épreuves.

ISABEY (Eugène)

802. Retour au Port — Radoub d'une barque à marée basse — Souvenir de Bretagne — Vue de Rouen — Vue de Caen — Barque se hâlant sur une bouée. Six pièces.

JACQUE (Charles)

803. Scènes rustiques et Paysages, 70 pl. y compris un recueil factice. Très belles épreuves.

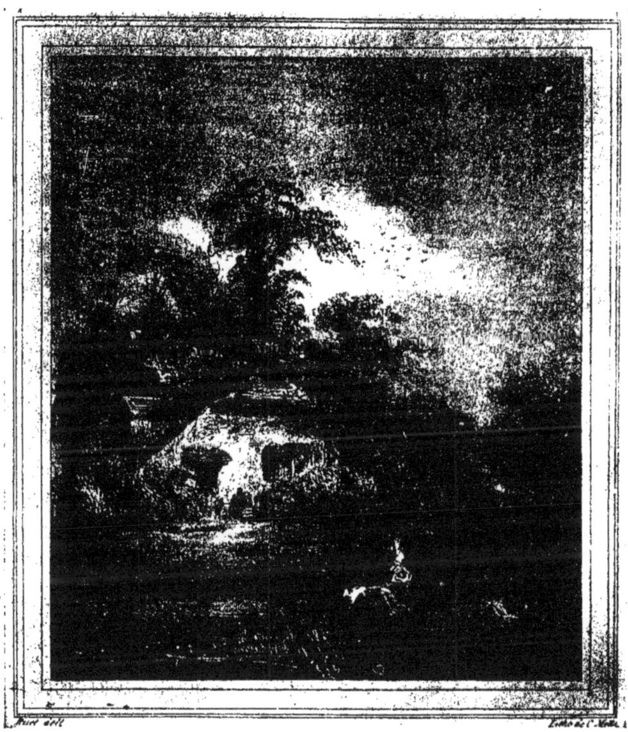

N° 792 du Catalogue.

JAZET (J. P. M.)

804. Les Amans surpris à l'abreuvoir — Le Mari n'y voit pas. Deux pièces se faisant pendants. Belles épreuves.

LAFITTE (d'apr.)

805. Les Mois du Calendrier républicain, 7 pl. (sur 12), par Tresca (2 imp. en couleurs, avant la l.). Belles épreuves (une sans marges).

LAMI (Eugène)

806. Voitures : Le Faubourg St Honoré — Quartier St Denis — Quadrille de Marie-Stuart, 7 pl. — Bal costumé — La Walse (par Lebas). Dix pièces.

LAURENCE (d'après Sir Th.)

807. Nature, par S. Cousins, 1835. Belle épreuve (piquée).

LAURENS (Jules)

808. *Album de la Galerie Bruyas*. Paris, Peyrol, 1875, 30 pl. dans le cart. de publ. (défraîchi).

LECOMTE (Hippolyte) — MARLET

809. *Intérieur de l'Ecole d'Enseignement Mutuel, située rue du Port-Mahon* — Pie IV bénissant des Enfants — Scène d'Inondation, 1818. Trois pièces. Belles épreuves.

LELEU (L. D.)

810. Entrée de Pie VII à Paris, pour le Couronnement — 2me Vue du Cortège de S. M. Napoléon Ier passant devant le Palais du Tribunat, 1er et 2e états. Trois pièces. Belles épreuves, la 1re sans marges.

LEMUD (Aimé de)

811. Gigoux (Jean) — Enfance de J. Callot — Les Maraudeurs — Les Dénicheurs — Le Vin — Le Café. Six pièces. Très belles épreuves sur chine (sauf une).

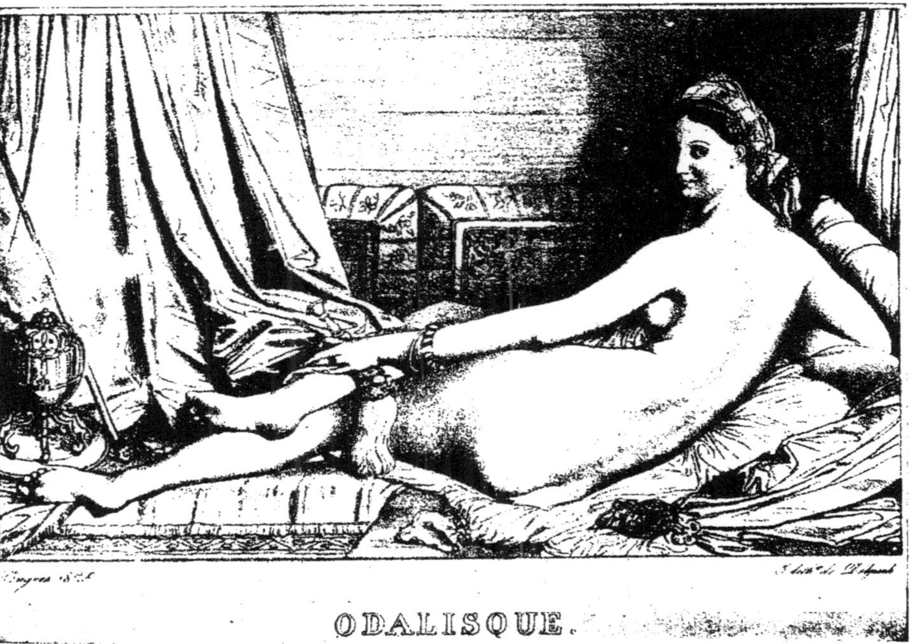

ODALISQUE.

N° 796 du Catalogue.

LITHOGRAPHIES et EAUX-FORTES

812. Concert d'Amateurs, par Roehn, 1819 — Les Laïs de Paris, 1837, par Grandville — A la Mémoire du Duc d'Enghien, par Pernot, 1819 — Couverture, par Le Poittevin — Sujets divers, etc. Vingt-quatre pièces par Gros, Guérin, Jeanron, Diaz, etc.

MEISSONIER (Ernest)

813. Le grand Fumeur (B. 13). Très bèlle épreuve sur chine (piqûres).

MENZEL (Adolf)

814. *Radir-Versuche von Adolph Menzel (6 Blatter), Berlin von L. Sachse*, 1844. Couverture et 6 pl. en cahier. Rare.

MERYON (Ch.)

815. Adresse de Rochoux (Loys Delteil 87). Très belle et rare épreuve du 2e état (sur 4), *tirée en 2 tons.*

METTENLEITER (J. M.)

816. Scènes guerrières. Deux très rares lithographies exécutées à Munich en 1808. Belles épreuves.

NANTEUIL (Célestin)

817. Le Voleur de la Montagne — Soldats jouant aux dés — Revue des Peintres — Le Roi des Maures — Le Dernier jour d'un condamné — Dina-Hugo (Mme V.), etc. Dix pièces. Belles épreuves.

NAPOLÉON Ier (Est. relatives à)

818. Bonaparte, 1er Consul, par P. Choffard, 1801 (P. et B. 27). Très belle et très rare épreuve à *l'eau-forte pure.*

819. Bonaparte, Premier Consul de la République Française. Très belle epreuve *tirée en bleu*. Rare.

820. Buonaparte donne l'Echarpe tricolore à un bey d'Egypte — Bonaparte couronné en Egypte par la Victoire — Mort de Kléber. Trois pl. pubi. par Basset. Epreuves *coloriées*.

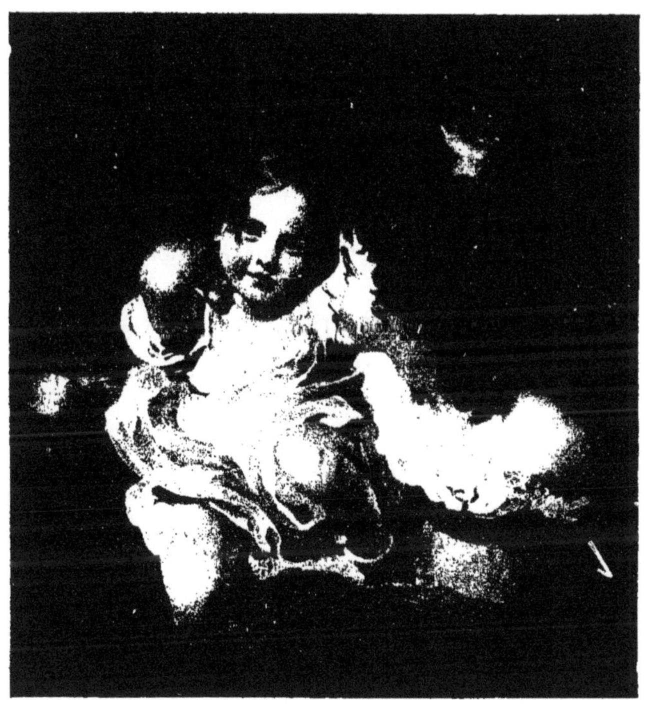

N° 807 du Catalogue.

821. Buonaparte à la bataille d'Arcole, par D. M. — Bonaparte, par A. Tardieu, Ruotte, Audouin, De Launay — Le Roi de Rome, par Desnoyers. Six pièces. Belles épreuves.

822. L'Impératrice Joséphine, d'apr. Buguet, *avant toute lettre* — Joséphine, par Douas — Marie-Louise — La Reine Hortense, etc. Dix pièces. Belles épreuves.

823. Le Triomphe des Armées Françaises, par Monsaldy. Très belle épreuve.

824. Pièce emblématique — Hommage à leurs Majestés Impériales et Royales..., par Zuntz et Queverdo — Anagramme, 2 pl. par Castel et Benoit — Dédié à l'Empire François — Vive quand même — La conquiste o Fanciullo — Séance du Conseil des Cinq Cents (chez Morret). Huit pièces. Belles épreuves.

825. Allégories, scènes historiques, caricatures. Dix pièces.

NAUDET (T. C.)

826. Le Pavillon de la Paix dans le Jardin du Tribunat (les Adieux des Anglais à Paris). Belle épreuve, *coloriée*.

PRUDHON (P. P.)

827. Une Famille malheureuse (E. de G. 9). Belle épreuve du 2e état.[1]

828. Le Directeur Reveillère, Pape des Theophilantropes (5). Superbe épreuve. Rare.

829. La Vengeance de Cérès, par Copia (37). Très belle épreuve du 1er état (piqûres).

830. Le Cruel rit des pleurs qu'il fait verser — L'Amour réduit à la Raison. Deux pièces par Copia, se faisant pendants (57-58). Belles épreuves du 2e état, *avant la lettre*.

831. La Loi (69 — 1er état) — L'Egalité — La Liberté (70). Trois pièces par Copia. Belles épreuves.

832. La Vertu aux prises avec le Vice, par B. Roger (79). Belle épreuve du 2e état, *avant la lettre*.

833. En-têtes pour les papiers officiels du Gouvernement Français (Directoire exécutif, Département de la Seine-Inf., etc.). Six pièces par B. Roger. Belles épreuves.

834. Talleyrand (15) — Lagrange, par T. Johannot, rare (26) — Le Zéphir, par Grevedon (44) — L'Amour et l'Amitié (56) — L'Amour vainqueur, par Vidal (65) — La Justice et la Vengeance divine, par Roger (77) — Les Heures, par J. Boilly (90). Sept pièces. Belles épreuves.

835. L'Amour carresse avant de blesser (62) état *non décrit* — Minerve alimentant les Arts (55) — Scène d'Intérieur (48) — Une Famille malheureuse — Le Bain (40) — L'Etude guide l'Essor du Génie (82) — Vénus et Adonis (39) — L'Innocence se sauve dans les bras de la Justice. Huit pièces par B. Roger, Bon de Joursanvault, Aubry Lecomte, etc. Belles épreuves.

836. La Loi — L'Egalité, 2 pl. par Copia — Le Désir — Stellina — Le Premier baiser de l'Amour — Figures allégoriques, etc. Dix-huit pièces.

PRUDHON ?

837. L'Impératrice Joséphine, par Copia? Belle épreuve d'une pièce ne portant aucune lettre.

QUENEDEY — St MESMIN — CHRÉTIEN

838. Mehul — Cloots — Breteuil (Vte de) — Anonymes. Treize pièces. Belles épreuves.

RAFFET (A.)

839. Il est défendu de fumer — Représentant du Peuple — La dernière Charette — Le Représentant a dit. Quatre pièces. Belles épreuves.

RECUEILS

840. *Holzschnitte berühmter Meister*, Leipzig, 1851-52, 66 pl. en 2 portefeuilles.

841. Recueil factice de 47 planches parmi lesquelles : Exploitation générale des Modes et Ridicules, par H. Monnier, titre et 10 pl. — Mayeux, par Traviès, pl. sur les Saints-Simonniens, etc., la plupart en belles épreuves, *coloriées*.

SAINT-EVRE (Gillot)

842. Fleurs des Champs — La Toilette, 1829-1830. Deux pièces se faisant pendants. Très belles épreuves sur chine. Rares.

TASSAERT (Octave)

843. La Famille du peintre? Vernis mou, signé O. T. 1841. Très-rare.

VACCINE

844. Triomphe de la petite Vérole, gare la Vaccine — Sept contre un ou le Comité de la Vaccine — Admirable effet de la Vaccine — La Dindonnade ou la Rivale de la Vaccine — La Vaccine — L'Origine de la Vaccine — La Vaccine, 2 pl. par Baltard. Huit pièces. Belles épreuves, *coloriées*.

VERNET (d'apr. C. et H.)

845. Incroyables et Merveilleuses, pl. 1, 9, 10, 11, 15, 30 et 31, soit 7 pièces, *coloriées* (manquent un peu de fraîcheur).

846. L'Officier en promenade du Midi — Promenade du Matin. Deux pièces par Le Bas et Thérèse Martinet. Belles épreuves.

847. Les Merveilleuses — Les Incroyables. Deux pièces par Darcis, se faisant pendants. Bonnes épreuves.

848. L'Inconvénient des perruques, par Darcis. Belle épreuve.

849. La Folie du Jour, par Tresca. Belle épreuve.

850. Les Merveilleuses. Belle épreuve.

851. Les Incroyables, par Darcis. Belle épreuve.

852. Sujets divers — Chevaux, 19 pl. Belles épreuves.

DESSINS

CABANEL (Alexandre)

853. Fileuse. A la mine de plomb.

COURTEILLE

854. La Vérité amenant la Liberté, 1re pensée d'une peinture exposée au Salon de 1793. Plume, sépia et gouache. Signé.

COUSIN (Jean) ?

855. Jésus et la Samaritaine. Plume et sépia. Encadré. Cadre ancien.

DAVID (Ecole de Louis)

856. Scène de l'Histoire Ancienne. Crayon et sépia.

DELACROIX (Eugène)

857. Figures — Mascarons. Deux feuilles de croquis à la plume.

ÉCOLE FLAMANDE (xve siècle)

858. Vierge en Adoration. Encre de chine et sépia avec légers rehauts.

ÉCOLE DE FONTAINEBLEAU (xvie siècle)

859. Composition allégorique. Plume, encre de chine, sépia et gouache.

860. Scène d'Histoire. A la plume, lavé d'encre de chine.

861. Jésus portant sa Croix. Plume et sépia.

ÉCOLE FRANÇAISE (xviiie siècle)

862. Tête de Jeune Fille, une rose dans les cheveux. Sanguine, avec rehauts de pastel.

863. Tête d'enfant — Buste de Jeune homme — Enfant endormi. Trois dessins attribués à Boucher et à Vanloo.

864. Le Violoncelliste. Crayon et sanguine. Encadré.

865. Portrait de Mauleon, Cte de Chalabre. Aux trois crayons. Encadré.

866. Ruines Romaines. Deux dessins rehaussés d'aquarelle. Encadrés.

ECOLE ITALIENNE (XVIe Siècle)

867. Composition décorative, plume et sépia. Ancienne collection.

868. Un Portique. A la plume, lavé d'encre de chine et rehaussé de gouache. Collection J. Dupan.

GREUZE (Ecole de J. B.)

869. Buste de jeune Fille en bonnet. A la sanguine.

HOUEL (J. P. L.)

870. La Caravane. Crayon et encre de chine avec rehauts de blanc. *Signé.*

LA FAGE (Raymond)

871. Figures diverses. Trois dessins à la plume. Signés.

LANCRET (N.) ?

872. Personnage se dirigeant à droite. Aux trois crayons.

LA RUE

873. Le Sarcophage. A la plume, lavé de bistre, signé et daté : 1760. Encadré.

874. Amours couronnant un Aigle — Groupes d'Amours. Deux dessins à la plume, lavés de sépia.

LAURENS (Jules)

875. Intérieur de l'Eglise St Séverin, à Paris, 1837. Plume, sépia et gouache. Signé.

LE MOYNE (F.)

876. Etude de Femme. A la sanguine. *Signé*,

LÉPICIÉ (B.) ?

877. Etude de Femme à demi-nue. Aux trois crayons. Encadré.

MINIATURE INDO-PERSANE (XVIIIe Siècle)

878. Scène sur une terrasse.

MONNIER (Henry)

879. Reynes, peintre d'enseignes à Montpellier, 1843. Signé et daté. A la mine de plomb.

NATOIRE (Attribué à Ch.)

880. Etude de Femme nue. A la sanguine.

PAJOU

881. Figure allégorique. Crayon avec légers rehauts. On lit en marge : *Exécuté en pierre pour Mgr le Duc d'Orléans*. Encadré.

PAJOU (fils)

882. Portrait Crayon noir. Signé et daté : 1804.

PRIMATICE (Le) ?

883. Judith et Holopherne. Crayon, sépia et gouache.

SANSOVINO (Attribué à)

884. Figures décorant un portique. Crayon et sépia.

VAGA (Perino del)

885. Vue de Pise. A la plume, lavé d'encre de chine et de sépia. Signé.

886. Sous ce numéro, les estampes et dessins omis au catalogue.

Frazier-Soye, Grav.-Imp., 153, 155, 157, rue Montmartre, Paris.

www.ingramcontent.com/pod-product-compliance
Ingram Content Group UK Ltd.
Pitfield, Milton Keynes, MK11 3LW, UK
UKHW020330180726
13839UKWH00002B/628

9 782329 533964